体验宁波

EXPERIENCE NINGBO

宁波市旅游局 编

中国出版集团
東方出版中心

中国人民银行

宁波三江口

杭州湾跨海大桥 黄友平 摄

雪窦寺 《阿拉旅游》杂志 提供

《阿拉旅游》杂志 提供

叶炜 摄

叶炜 摄

序

宁波是座值得细细品味的城市，她有多个面貌，每一面都让人惊喜，让人印象深刻。

她是江南水乡，如温婉灵秀的窈窕淑女，眉梢眼角藏秀气；她是港口城市，如行为豁达的大气女子，鸿鹄之志安天下；她是院士之乡，如书香门第的大家闺秀，腹有诗书气自华……

自七千年前这片江南沃土孕育了闻名中外的河姆渡文化，宁波人开拓创新的脚步便再也不曾停止，悠悠历史文化与人文脉息传承和延续至今，造就了今天这样一座内涵丰富的美丽城市。

我常想与遇到的每一个人诉说宁波之美，却不知从何说起，而这本《体验宁波》恰好消解了我的迷茫，它从各个方面（历史、生态、宗教、文化等）详细描绘出宁波不同层次的迷人魅力。在这本书中，你不仅能看到宁波古往今来的源远流长，也能看到她青山绿水的巍峨绮丽，更能看到多个现代化旅游场所绽放出的勃勃生机。

难能可贵的是，这本书也体现了宁波近百年来创新性的变迁和发展，在守护过去的同时积极展望着愈加美好的未来。

尽管那些珍贵的文物被小心翼翼地收拢在博物馆中诉说着千百年前的光阴，那些古老的村落也仍然散落在幽闭的山林之中守护着陈旧的建筑，而那些历史悠久的名山古刹中，袅袅青烟依旧不绝如缕，但宁波并没有拘泥于过去的繁华，而是在传统的基础上不断创新，日益精进。

借助旧城拆迁后遗留的断瓦残垣建造起的宁波博物馆在建筑界享誉中外，见证宁波繁荣兴盛的老外滩成为东西方文明碰撞的现代商业区，曾经人声鼎沸的南门三市改建成南塘老街，常年人头攒动……

宁波是古老的，因为她有着悠久的历史；但她更是朝气蓬勃的，因为她始终在创新和发展。愿所有品读《体验宁波》的读者可以感受到宁波多层次的美好，在这座城市收获满满的幸福。

陈刚

2017.7

目录

【寻根之旅】

发源自四明山麓的姚江与奉华江，在三江口汇合成甬江水，一路蜿蜒东去，直至海水的波澜收拢了这千年的柔软时光。“海定则波宁”，宁波正如其名字一般，在历经苍海沧田之后，依然似西湖处子婷婷袅袅于东海之滨，一颦一笑都恍若旧时月光倾泻在山茶花瓣上，暗香如缕、回味悠长。

流淌七千余年的江水以南，河姆渡的文明遗迹悄然拨开历史的尘埃，展现出一幅长江下游人类文明起源的完整画卷。

三江汇流之地，曾是“五口通商”最早对外开埠区的老外滩守护着一弯江川的沉浮俯仰，自1844年开埠以来便见证着这座城市的变迁和宁波人的勤劳进取。

宁波古城南门外，南塘老街重现了旧时宁波商贸文化聚集地“南门三市”的繁盛景象。在地道熟稔的宁波味道中，即便是少小离家的游子亦能寻回思念已久的乡情眷恋。

余姚江畔，凝固千年历史的慈城古县城钟灵毓秀，自唐宋以来孕育了数以百计的进士名家，山水相映间蕴含着源远流长的儒风雅俗，被誉为“江南第一古县城”。

怀山之水，必有其源。在时光的长河中追溯昨日宁波的旧影，纵然影影绰绰，亦是熠熠生辉。

扫码进入移动端阅读

河姆渡遗址博物馆
一幅完整的远古江南画卷

浙江省宁波市余姚河姆渡镇芦山寺村

起源于世界屋脊青藏高原的长江自西向东横贯中华大地六千公里，尽管其总长度超越了黄河，但在一段漫长的岁月里，长江流域诞生的古代文明却并不为人所知，人们总是认为中华文明起源于黄河流域，只有黄河文明才是历史的主流。

1973年的夏天，长江下游余姚县罗江公社（现余姚市河姆渡镇）的人们在兴建水利工程的过程中，意外发现了大量的陶片和动物的骨骸。至此，与半坡遗址同属新石器时代的河姆渡遗址在沉寂了七千年后，终于破土而出。人们这才惊觉，原来长江流域的古代文化亦是同样灿烂。

河姆渡遗址南临四明山，北依姚江平原中部的慈南山，东邻南北走向的乌石山、羊角尖山、云山等低山丘陵，三组山系构建成硕大的“工”字，因而具有促进淤泥堆积的功能。距今1万年前，全新世初开始的大规模海侵令四明山北麓成为一片浅海，从长江口顺潮而下的泥沙在这里受工字形山体的阻挡而沉积下来，使河姆渡一带的淤积快于其两翼，当海退开始后，河姆渡一带自然最先出露成陆，并诞生了新石器时代繁荣灿烂的河姆渡文化。

1973年冬天和1977年冬天先后两次的考古发掘共揭露遗址面积2800平方米，出土了6700余件文物，170余件代表性农具——骨耜，40余万片陶片，近10种纺织工具——纺轮、绕纱棒、分经木、经轴、机刀、梭形器、骨针等，以及大量的木建筑构件、野生动物遗骨、象牙雕刻制品和水稻、菱角、葫芦、橡子、枣子的遗存物……这一切仿佛复原了几千年前河姆渡先民生活、生产的场景。

在距今约七千年前的第四文化层大面积分布着稻谷堆积层，考古人员发掘时，那些稻谷仍是金灿灿一片，甚至有些稻谷壳上的芒尖还清晰可见，只可惜接触空气后不久，这片金黄便碳化变色了。这些稻谷大部分已是人工种植，这个发现将中国种植水稻的历史向前推进至七千年前，人们也找到了中国栽培水稻的发源地。

遗址发掘中，随处可见数量众多的木桩和木构件，这便是干栏式建筑的遗迹。干栏式建筑是我国南方传统木构建筑的祖源，其整体建构通常是下立桩柱、上置地板，芦草或树皮遮顶，它既可避瘴气和毒虫，又可防止猛兽袭击，同时也可降低地板面的过度潮湿，特别适合降雨量较多地区的原始人类居住。尤其是榫卯技术的运用，堪称七千年前的建筑奇迹，将中国榫卯技术的历史推前了两千多年。

河姆渡遗址出土的雕刻制品看似粗糙笨拙，却是融合了先民信仰的原始工艺品。河姆渡先民信奉、崇尚凤鸟，因而鸟的图饰常常出现在兽骨、兽角、兽牙以及玉石材料上，这些精美的艺术品充分体现了河姆渡人“外师造化，中得心源”的艺术天赋。

河姆渡遗址博物馆于1993年5月落成开放，坐落于风景秀丽的四明山北麓，西距

余姚市区24公里，东距宁波市25公里。

博物馆主体建筑依照干栏式建筑“长脊、短檐、高床”的特点设计，架空层凌越于地面之上，人字形坡屋面上耸起五至七组象征着榫卯木作技术的交错构件，再配以土红色波纹陶瓦、炒米黄毛面墙砖，古朴而不失野趣，与河姆渡文化融为一体。而序厅屋面形似展翅翱翔的鲲鹏，则表现出河姆渡先民崇尚凤鸟的文化习俗。

博物馆总占地面积为4.5万平方米，主要由展厅和遗址展示区两部分组成。博物馆展厅面积为1600平方米，其展出的320件文物涵盖了宁绍地区东部已发现或发掘的各个河姆渡文化重要遗址的遗迹与遗物：彰显河姆渡先民精湛工艺的雕刻制品，以绳纹、刻划纹甚至绘画装饰的陶器，带有榫卯的干栏式建筑木构件和加工工具，以及耕作工具、渔猎工具、纺织工具……全面展示了中国新石器时代中晚期的河姆渡文化遗存。在展陈形式上，博物馆借助声、光、电以及多媒体等高科技手段，并以语音导览系统等为辅助方式，生动再现了河姆渡先民物质与精神两方面的巨大成就。

遗址展示区位于博物馆东南100米处，占地面积为2.3万平方米。展示区复原了考古发掘场景并重建了干栏式建筑，一幕幕生活、生产的场景让人们仿佛穿越回数千年前，骨耜耕田、斫木盖房的辛勤，和泥制陶、凝神雕刻的专注，河姆渡先民创造灿烂文化的点滴细节都得到了充分展现。

河姆渡遗址如同一幅长江下游人类文明起源的完整画卷，见证着富饶江南和长江流域的生生不息。

宁波博物馆
宁波城市文化的窗口

浙江省宁波市鄞州区首南中路1000号

宁波博物馆是一座与鄞州公园比邻的美丽建筑。其形态既似倾斜分裂的山体，四个形状不一的裂口远望着城市的尽头；又如同一艘刚从岸口离水的巨船，海水拍湿了船体，显出几近阴沉和灰暗的朦胧感。这种陈旧而新颖的建筑设计配合公园周围茂密的翠绿草木，彼此相辅相成，共同组合成了一幅如画美景。

因为城市改建的需要，宁波旧城大批区域被拆迁，随处可见废弃的建筑材料，有着数百年历史的断瓦残垣也一并埋没在废墟之中，无人问津。这些或许是在城市的发展过程中必然会被舍弃的，可是在建筑师王澍的眼里，这些承载着记忆的砖石、瓦片，分外美丽。

建筑，究竟是应当回望过去，还是展望未来？这始终是一个需要抉择的问题。

王澍选择留下这些历史的遗物，他将回收的废墟材料与混凝土直接结合在一起，建成了具有地域特色的宁波博物馆，以建筑特有的形式永久保留了曾经的记忆。青砖灰瓦代表着传统，瓦爿墙中层叠的瓦檐斑驳错落，沉淀了岁月与时光；混凝土则代表着现代，然而却并非纯粹的现代，用竹纹模具浇筑的混凝土同样融合了历史的沧桑，显露出竹纹肌理的外墙仿佛让人置身于江南竹海。

这种创新的设计将宁波地域文化特征、传统建筑元素与现代建筑形式和艺术融为一体，它使得建筑超越了时间，既回望过去，亦展望未来。王澍也因此荣获建筑界的诺贝尔奖——普利兹克奖，成为首位获此殊荣的中国建筑师。

2008年12月，宁波博物馆向人们开启了它的大门。其总建筑面积达3万平方米，建筑主体分为三层，采用两层以下集中、三层分散的布局方式，建筑内部被巨大的扶梯交错连接着，仿佛交叉的山谷，给人以强烈的时空交错的感受。

宁波博物馆共有三个基本陈列展厅，分别为东方神舟——宁波史迹陈列、“阿拉”老宁波——宁波民俗风物展以及竹刻艺术珍品展。数万件文物穿越时空，见证了宁波数千年之久的历史变迁；丰富的艺术品和比例不一的立体模型再现了宁波文化的不熄薪火。

其中，竹刻艺术馆的藏品无论从质量还是数量上来看，都在全国名列前茅。竹刻是中国特有的一门艺术，可惜由于不易保存的缘故，在考古发掘中发现甚少。在中国传统文化中，象征君子的竹在人们心目中有着极为崇高的地位，竹刻艺术也源远流长，其源头可追溯至商代以前。明清两代，在文人墨客的倡导和推崇下，竹刻与中国传统的书画、雕塑艺术融于一体，促使竹刻艺术得到空前的发展。

展厅内空间宽敞、珍品众多，参观者在此间游览仿佛踏上一条蜿蜒曲折的溯源之路，徜徉在历史长河的波澜壮阔中，为宁波沉积丰厚的人文魅力所感动。

宁波老外滩
唐宋以来的繁华港口

⊠浙江省宁波市江北区

江河滩涂，原本只是泥沙为水流日久冲刷，淤积而成，纯属自然造化。然而，因一纸契书，一些江滩被冠以“外”姓，开始了屈辱的历史进程。所幸，半推半就间，外滩也开启了一段进步之旅，冲出了一股西学东渐的浪潮。

宁波老外滩，位于甬江、奉化江和余姚江的三江汇流处，随着1842年《南京条约》的签订，1844年宁波即被迫开埠，形成了中国历史上最早的“外滩”，比上海外滩还早20年。相较之下，宁波老外滩无论名气还是人气，都不及上海外滩，后者的发展大有“长江后浪推前浪”之势，然而前者却积攒了更多的“风气”——开风气之先。

其实，宁波老外滩是进入宁波古城的

宁波老外滩 唐宋以来的繁华港口

宁波老外滩 唐宋以来的繁华港口

朱克家 摄

门户，有着悠久的运输历史，在唐代即为中国四大港口之一。南宋时，宁波港口还专设了负责对外贸易管理的市舶司。即使后来清廷闭关锁国，宁波仍保有与日本、南洋各地贸易往来的特殊权限。及至后来宁波开埠，三江口更是欧美商船云集，路上洋人如过江之鲫。沿着江边，百年来陆续建成的领事馆、教堂、洋行、商号、名人府邸和轮船码头一字排开，浓郁的欧陆风格建筑中掺杂着中式民居，华洋杂处、廛肆众多，有着挥不去的海派记忆。

2005年1月1日，改造后的老外滩重新“开埠”，中西文化的碰撞在新形式下被赋予了新的含义。始建于1872年的江北天主教堂，为典型的哥特式风貌建筑，一直都是信徒的神圣殿堂，此时也迎来了很多观光客的造访。顺着外滩步行街一路往北便到了宁波美术馆，前后不过十多分钟脚程。美术馆由废弃的轮船码头候船大楼重新设计、改造而成，在这里，新与旧重新组合，怀旧感与现代性交叠融合，工业文明与艺术体验交相呼应……

宁波老外滩是新观念、新事物不断萌芽，新旧观念不断碰撞的地方，无论是遗存的历史建筑，还是修旧如旧的风貌街区，都透着满满的现代意味——创意吧、艺术沙龙、咖啡馆、洋房餐厅沿街而驻，比邻而居，随处可以歇脚，随时可以文艺，空气中活跃着“洋气”的因子，洋溢着闲雅的情致。白天里的老外滩有种恬淡的意味，路边随处可见的墙绘、别具一格的邮箱、创意十足的绿植，看似漫不经心，其实充满活力。入夜后，这里在灯火的映衬下又呈现出另一番醉人的姿态，你可舒心惬意地游憩于滨水湖畔的月色之中；或者静静安坐、缓缓品味香气四溢的咖啡；亦或是欣赏高分贝的摇滚和重低音的爵士……在宁波老外滩，每个人都能找到适合自己的休闲方式。

一百多年前，洋楼、洋房、洋服、西洋菜成为时尚，宁波的老百姓从外滩这一窗口看到了世界，接触了西方文明；经过一百多年的沉淀，美食、艺术和现代创意成为老外滩的主旋律，待到月上柳梢头，老外滩又显现出另一种表情……这样的碰撞与融合，终于又使老外滩焕发了生机。

宁波帮博物馆 全世界老宁波的精神家园

浙江省宁波市镇海区思源路255号

一百多年前，一个名叫利希霍芬的德国地质学博士在他游历中国后所出版的专著中，对宁波人有一段专门的描述，他认为，宁波人勤奋、努力，在对大事业的热心和大企业家精神方面较为优秀；尤其是商业中的宁波人，完全可以和犹太人媲美。一个外国人以其有限的停留于中国的时间里对宁波人所作的观察，得出如此结论，不一定十分恰当，但用来形容一代又一代“宁波帮”重工兴商、开拓闯荡、自强不息的商道精神却是十分妥帖。

“宁波帮”也称甬商，泛指旧宁波府属地鄞县、镇海、慈溪、奉化、象山、定海六县在外地的商人。他们走南闯北、漂洋过海，足迹遍布全国，及至南洋、欧美各地，形成了“无宁不成市”的景象。明朝末年，外出经商的宁波籍人士开始结成商帮；至清，已形成社会上颇具影响力的商贾团体。尤其是“五口通商”后，“宁波帮”从传统晋商、徽商等十大商帮当中脱颖而出，后来居上，逐渐转变为一个新式的企业家群体。“世界船王”包玉刚、董浩云，影视大王邵逸夫，以及王宽诚、应昌期、王德辉等都是这一时期“宁波帮”涌现出来的商界巨擘和社会精英。

历史不会重演，但传奇还可以继续。2009年10月22日，一个特殊的博物馆——宁波帮博物馆举行了开馆典礼。借助博物馆的“叙述”，“宁波帮”的往事被“娓娓道来”。

作为全世界宁波帮的“情感地标、精神家园”，博物馆的设计处处都有“家”的味道，除了建筑主体采用“甬”字型结构外，还利用玻璃廊道结合水街长庭形成了“时光甬道”，从北向南一以贯之，各展厅间隔着玻璃竹院，构成了传统的江南庭院风格。回到“家”中，看着那熟悉的庭院、那一条条水系、那水边的河埠头、那灰墙黛瓦的屋檐、那祠堂中常见的戏台……相信每一位“宁波帮”都会放下多年在外打拼的刚强，变得柔软。

走进大厅，首先映入眼帘的是邓小平的题词：“把全世界的宁波帮都动员起来建设宁波。”正是这句话，让一个沉寂已久的著名商帮和它身后的家乡再次为人瞩目。馆内展区分两层，其中序厅、“筚路蓝缕”两部分共同构成宁波帮历史综合展区，强调一种历史跋涉的沧桑感和向近代发展的开拓感；“建功立业”、“赤子情怀”、“群星璀璨”、“薪火永传”等四个专题展区则作为对综合展区的拓展与纵深陈列，细分了宁波帮开创的各种产业，如纺织、药品、金银器、邮政、银行、航运等，配合八方人士捐赠的老物件，例如1982 年生产的古董级“劳斯莱斯”、由撒切尔夫人主持下水礼的“世谊号”上的仪舵器、董浩云使用过的打字机及船舵，甚至“一把旧椅子、一张老银票、一幅旧海报、一帧老照片”，都闪烁着宁波帮“从商敬商”的自强精神，记载着他们“回馈桑梓”的爱乡情怀。

有了这个“家”，一段刻骨铭心的记忆有了新的延续，一个曾经的守望有了新的追逐，而天下的“宁波帮”也找到了心灵归宿。

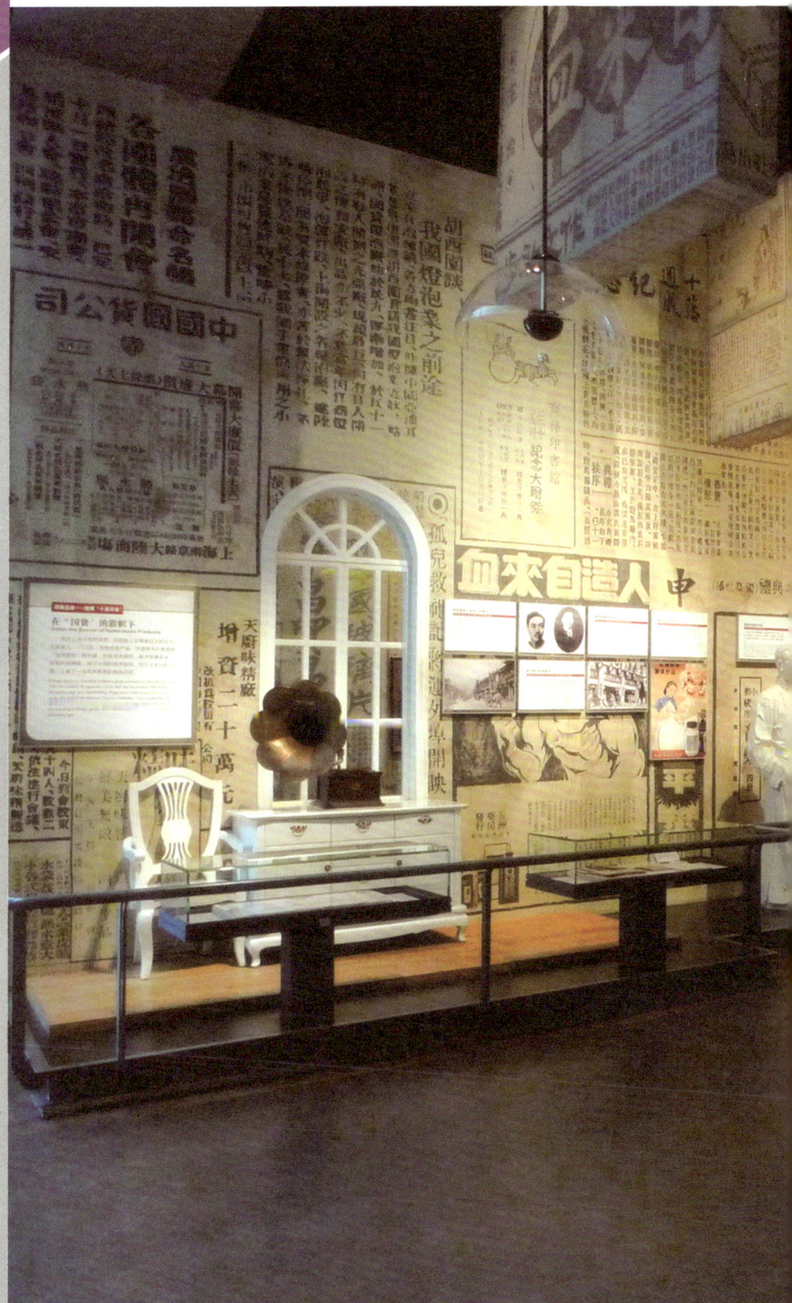
中國國貨公司
我國燈泡業之前途
人造自來血
天廚味精廠
增資一二十萬元
孤兒救濟記錄運外埠開映

申報

南塘老街
一河一街一市

☒ 浙江省宁波市海曙区船埠巷

人们对于乡情的记忆和依恋，多半源于味觉。于是，不约而同的，几乎每一座城市都有一条“舌尖上的老街”，就像上海的豫园老街、南京的夫子庙、苏州的观前街、成都的宽窄巷子……在宁波，则当属南塘老街无疑，穿梭其间，“阿拉”的嘴巴根本停不下来。

老街傍南塘河，依南郊路，居宁波古城南大门“长春门”之外，挟古城内外水陆之要冲，是老宁波商贸文化的聚集地。据民国《鄞县通志·文献志》记载：“南门有三市，西门有八市……船舶争集，人民杂遝，夹道商铺，鳞次栉比，一如江东。”由此，南塘老街昔时之热闹繁盛可见一斑。

作为宁波八大历史街区之一，南塘老街可谓宁波古都风貌中保存较为完整的一隅。著名电影艺术家袁牧之的故居、古明州通向浙南和浙西的咽喉要道甬水桥、建于清光绪年间的永善亭，以及关圣殿、同茂记、余氏宗祠、石砌的河埠头、沿街店铺作坊等众多人文历史古迹都云集在短短500米的街巷上，浸润了百年来无数宁波人贸易经商、生活作息的日常。这里的每座小桥、每块青石板、每张楼板、每根楼柱，甚至那些雕花的门窗，都有着满满的幸福纹样。

经历过沉寂和没落，而今老街又传承了水路的良好基因,接过了“黄金水道”的重任，按照原有街区的城市肌理，保持了“一河一街一市”相依相辅的整体脉络，形成了南塘老街与南塘“新街”两位一体的独特格局，集历史古迹、旅游观光、文化休闲、宁波老字号、宁波特产、民俗特色于一身，再次绽放水乡文化的魅力，重现出百年商贸的风韵。

穿过挂满红灯笼、题写着“南塘老街”四个大字的牌楼，恍若穿越时空，来到了《清明上河图》中所绘的买卖街，一派商业都市的繁荣景象。只是那“青砖小瓦马头墙，回廊挂落花格窗”的建筑风韵不似汴京模样，分明为江南所独有；而一把把五彩斑斓的油纸伞遮天蔽日，为恋人们编织出最瑰丽的天空，给孩童们投映下最向往的乐园，这大概又是现代最时尚的装饰艺术。

老街业态丰富而多样，百年的商业传奇方兴未艾，但时下最紧俏、最热门的业态却是传承着人情百味的宁波小吃：宁海五丰堂的糖醋熏鱼、余姚黄鱼面店的香酥鱼肉和醇汤、慈城四季香的传统宁波年糕、慈溪豆酥糖、奉化牛肉面、东钱湖十六格馄饨、鄞州全丰记……跨过高高的宅院门槛，一颗汤团、一碗馄饨、一块年糕，每一口都是回忆中的宁波味道。

依着白墙黑瓦，走着石板路，傍着南塘河，去南塘老街走一遭，或者以美食的名义，或者来一次文化寻根之旅，你会发现，有的历史可以由老建筑来印证，有的历史需要名人往事来注解，也有的历史，蕴藏在传承了一代又一代的味道里……

百妙記

溪口
钟灵毓秀 韵味盎然

☒浙江省宁波市奉化市溪口镇

所谓名胜，或者风光迷人，或者文史璀璨。溪口古镇，两者兼具，可谓自然人文皆生机盎然。

溪口镇东起湖山桥，西挹翠屏山，北倚白岩山，南封溪南山，因着一脉横贯东西的剡溪经流小镇，并在武岭头与溪南山阻隔成口，而得名“溪口”。

古往今来，凡名山秀水都印下了文人墨客的屐痕。“众山环翠，群涧澄练，民居宛若桃源仙境。”（清《雪窦寺志》）早在汉代，溪口就被称为“海上蓬莱”；东晋时期，王羲之隐居于此；到了近代，这里又因是蒋介石的故乡而闻名遐迩。

溪口，为奉化所辖，风景优美，物产丰饶，为国家5A级旅游景区。小镇以蒋氏故里为背景，以佛教文化为铺垫，形成了蒋氏故居、蒋家祠堂、雪窦山、雪窦寺、千丈岩等著名景观。

武岭门是溪口的门户，门额“武岭”两字，系蒋介石所题。据说“武岭”取自陶渊明《桃花源记》中“武陵”二字谐音，意为此处乃桃源世界，可见蒋介石对家乡的喜爱之情。进入武岭门沿左侧拾阶而上，便是古代

“溪口十景”之一的文昌阁，原建于清代，后蒋介石将其重建成飞檐翘角的两层楼房，作为其私人别墅和藏书楼。1927年蒋宋联姻后，蒋介石常携宋美龄来此小住。文昌阁旁边的一处小洋房，是1937年4月蒋介石长子蒋经国和其妻子蒋方良居住的地方。

顺着沿江街道往前，即到蒋氏故居。整个建筑为前厅后堂、两厢四廊，前庭及左右还有三个花园，有月洞门相通，中间小天井，两旁则为东西厢房，厅堂是蒋家祭祖宗、拜天地之处，里面供有蒋家四代宗位，而丰镐房是蒋介石在祖屋基础上扩建的。中街章墙弄口的玉泰盐铺是蒋介石的出生地，现有楼房三间，平房三间，还有厨房、厕所等附属建筑，大门前墙角有蒋介石所题的“玉泰盐铺原址”。穿过几条小巷，可达蒋家的祖庙摩河殿，里面供奉着蒋家祖宗。蒋经国的生母毛福梅也安葬于此。

故居后面，是雪窦山——山峦巍峨，云雾缭绕，这是南宋理宗皇帝的“应梦名山”。雪窦山集湖、溪、泉、瀑、山于一体，名胜众多。三隐潭的秀美瀑布群如空谷幽兰；妙高台的茂密古树林似天然屏障；千丈岩雄奇壮观的瀑布，绘出溪口雪窦山一幅壮美的山水风景图。山上还建有著名的雪窦寺，为“禅宗十刹”之一，相传是弥勒和尚的道场，千百年来香火鼎盛。这里最让人印象深刻的有两处地方，一处是蒋介石与宋美龄的别墅“妙高台”。据传，蒋介石年少时“始上雪窦山，见妙高峰爱之”，“民国十六年蒋介石建别墅于其地”，自题门额“妙高台”，意谓“妙不可言，高不可攀”。另一处则是张学良将军的幽禁地。1936年12月西安事变后，蒋介石到溪口养伤，将张学良也带到溪口“严加管束”。张最先被幽禁在文昌阁，几天后被押送至雪窦山的一处小院，开始了长达几十年的软禁生涯。

天光流转，今天的溪口，在历史之上，平添了更多的时代元素。2010年溪口成功入选上海世博会“城市未来馆”，成为亚洲唯一入选的小城，昭示了其宜居宜游的特性。石板路、清溪水，四周群山环抱，山峦此起彼伏，真真是个修身养性的妙处、静心思考的高地。

中国港口博物馆 宁波城市的文化符号

⊠浙江省宁波市北仑区春晓滨海新城

200多年前，德国哲学家黑格尔在《历史哲学》一书中指出："西方文明是蓝色的海洋文化，而东方文明是土黄色的内陆文化。"言下之意，海洋文化是西方的专利或西方文明的标志。显然，他并不知道，早在七千多年前，宁波地区先民河姆渡人就已经开始了漂洋过海的实践；到了春秋时期，甬江流域句章古港担负了"海道运输"之要；及至唐宋时期，明州港成为海上丝绸之路的"东方始发港"；即使后来清廷闭关锁国，沿海地区与东南亚的海上贸易也并没有完全中断……当然，他更不知道，这些看似零星的史实都与一个名词有关，那就是宁波港。宁波港历史悠久，几与中国文化史同龄，从河姆渡到北仑港，海上七千年，谱写了属于宁波人的航海史诗。

宁波港历史悠久且至今依旧延续、开创着辉煌。为了最大限度地实现历史与现实的对接，诉诸博物馆式的建设似乎是回溯宁波港前世今生最好的方式。东海之滨、港口之乡，2014年10月，宁波中国港口博物馆在北仑区建成开馆，从此宁波有了港口文化、历史传承的基地，而宁波人也有了对港口情感宣泄的窗口。中国港口博物馆以"时空对话"为叙述方式，以"港通天下"为文化内涵，蕴藏了宁波城市的文化符号，担纲了港口文化、城市文化宣传推广的使命。

中国港口博物馆融汇古今，连接未来，通过展陈、互动等形式对港口文化、海洋文明进行了全面而细致的梳理，是国内首个大型专题性港口博物馆。馆址设在北仑春晓滨海新城，紧邻洋沙山风景旅游度假区。蔚蓝的大海孕育了神奇的生命，也给城市形象的构建带来了奇妙的灵感。博物馆布局设计以海螺为原型，抽象出一大一小的两个螺旋体造型，经由可供参观者通行的曲线坡道连接成一个巨大的文化空间——集展示、教育、收藏、科研、旅游、国际交流等功能于一体，体现国际性、专业性，注重互动性、娱乐性，是真正意义上的“现代博物馆”。博物馆的展陈空间以中国港口历史馆、现代港口知识馆等分馆为载体，对2万余件馆藏文物进行分期分批轮换展示；而自然馆和科技馆则兼有收藏、展示、科普、互动等多重功能；另外，博物馆还配备了国际报告厅、图书馆、电子阅览室、咖啡馆等公共服务设施。因此，港口博物馆既专注于港口文化的传承与传播，也注重现代城市文化、形象的推广与推动，是现代宁波城市一个重要的文化综合体。

中国港口博物馆在提升完善常设展览的同时，还策划引进了丰富的临时展览，例如2015年中国航海日期间策划主办的“向东是大海——纪念郑和下西洋特展”等，不仅保证了博物馆持续的吸引力，也为博物馆赢得了广泛的社会知名度和美誉度。当然，参观者如果能与国际性大展不期而遇自然是赏心乐事，如果不小心擦肩而过，也不必遗憾，相信港口博物馆内收藏的近代中国人经营的第一艘轮船“宝顺轮船”模型、吴越时期的“北仑千年馒头窑”、国家一级文物“战国船纹青铜缶”等镇馆之宝也一定不会令人失望。

“一个博物馆在建设、策划之初，就应为不同的人群设置不同的展示方式，比如针对成人及历史爱好者，就要将‘物’放在最重要的位置。而对于孩子，就要将‘体验’放到第一位。”荷兰阿姆斯特丹海事博物馆主席丹森如是说。这一点中国港口博物馆做到了，其利用国际一流的多媒体数字技术，设计了港口、海事等大量青少年感兴趣的互动体验项目，寓教育于娱乐，殆无虚日、人气爆棚。

过去，海上丝绸之路是东西方交际的“黄金航线”，它以船只为载体，以航海技术为依托，以商业贸易为目的；现在，宁波人以博物馆为载体，以现代科技为依托，以文化传播为目的……历经数千年，绵延数千年，宁波人、宁波港、宁波市早已根结盘固。

中国港口博物馆 宁波城市的文化符号

中国港口博物館
CHINA PORT MUSEUM

鄞江古镇 宁波城市之根

浙江省宁波市鄞州区鄞江镇

如果有这么一片诗意的栖居地——山清水秀、古韵悠长、民风淳朴、气候宜人……你是否愿意远离城市，来此生活？就像鄞江古镇，宁波城市之根，钟灵毓秀之地；这里没有车水马龙，有的只是朴实的小镇调调；春看百花竞妍，秋赏月色如华，夏天可以上山下海（江），冬天可以围炉夜话……这般自在，这样惬意，有多少人能够抗拒这样的幸福呢？

鄞江古镇素有“四明首镇”之谓，地处鄞西南，上连四明山，外通三江口，是宁波府的前身和发祥地，被誉为“宁波之根”、“甬城之源”。在这座风情古镇上，山水隐村落，村落连山水，离城市不远，却远离繁华喧嚣，真真切切是我们眼皮底下的世外桃源。

古镇鄞江，史迹繁复，源远流长，千年古堰——它山堰，大概就是这个千年古镇最具标志性的历史遗产。“鄞江水，非常水。它山堰，非常堰。”这个于两山间垒石而成的古堰，是古代著名水利工程之一，与都江堰齐名，由唐太和七年（833年）县令王元玮主持建造，至今仍发挥着阻咸蓄淡、防汛排涝的功能，遭风雪侵袭而不倒，遇洪水冲击而不腐，千年不朽，可谓传奇。与都江堰一样，山水掩映间的它山堰，透露着历史的沉着，沉淀了文化的厚重，可以慢游、细品、静思，而后深深体会。

提到它山堰，就会想到晴江岸，两者名称天然押韵。晴江岸背靠狭长的山谷，古树群浓荫蔽日，鄞溪水静静流淌，幽静中透着清秀。河里边，水禽在嬉水；河面上，竹筏在漂浮；河堤旁，妇人在浣衣……只一眼，就让人彻底沉醉了。

如果说，鄞江的溪水是灵动的、诗意的，那么鄞江的古道便是苍茫的、悠远的，它们一动一静，如同毛细血管一般贯穿整个古镇，而其中诸多跨越千年的古村落，依旧保持着旧时的恬静与朴拙。相传鲍家墈村是唐代大诗人贺知章的隐居处，这里有着广袤的田野，丰沛的水源，千余年来，滋养了一代又一代的鲍家墈人。在建岙村，到处都是卵石堆砌的高墙平台、卵石铺就的路面，经过岁月的打磨，越发光滑而温润。金陆村被誉为“宁波最美的村庄”，尤其在春天，茶林幽绿、樱花如雪，怎一个“妙”字了得！

与古镇一起历经日月风华的，除了古村，还有古桥。鄞江桥是浙东第一座木结构风雨大桥，因其桥面上方有顶,故而又被称为廊桥。这座承载了无数老宁波人记忆的千年古桥曾一度荒废，20世纪70年代，为方便交通曾被改建成钢筋水泥大桥，直至2014年，在宁波百姓的呼声中，由百姓捐资重建才恢复了廊桥原有的结构。重建的新桥保存了清道光十四年重建的鄞江桥碑记一块和两座北宋的经幢底层及香炉。廊桥自古至今一直影响着宁波人，在古代，它是宁波繁盛商品贸易不可或缺的要道。如今，它是老一辈宁波人心坎上无法磨灭的情怀，也是年轻的宁波人对自己根脉之地信仰的印记。

这就是鄞江古镇，一个记录着历史变迁的甬西小镇，一个讲述着千年传说的悠悠古镇，一个阐释了古老文明的奇迹之地，一个连接了过去与现在的宁波之根。

翠山古堰、粉墙黛瓦、烟柳画桥、石板微巷……构成了鄞江古镇的大略面貌，时光流走，依旧鲜活。

慈城古县城
江南第一古县城

✉ 浙江省宁波市江北区慈城镇

有人说，慈城的魅力，大致有三种境界：第一种是盛唐规划之美，第二种是官宅庭院之美，第三种是手作展览之美。其实慈城的美与魅，从其全称“慈城古县城”五个字中就能直窥其堂奥：一为“慈”，二则“古”，三是“县”。

被誉为“江南第一古县城”的慈城，古称句章，居东海之滨、姚江之畔，南临慈江，三面环山，有着2500多年的历史，其下辖古迹遗址灿若云锦，足见其“古”老。

作为江南第一古县城，慈城的一山一水、一庭一院、一墙一瓦，都有着抹不开的江南风情，而其布局则保留了盛唐时双棋盘式的格局，井然有序、一丝不苟。“阚峰巍巍，慈水涟涟”，千年慈湖于初唐时由慈城第一任知县房琯下令开凿。南宋“淳熙四先生”之一的杨简隐居慈城，筑室湖畔，讲学布道，世称“慈湖先生”，清乾隆年间筑于湖心堤上的师古亭即为称扬先生而建。如今，这泓百世千年的水源依旧澄澈碧透，一派娴静文雅的模样。

慈城，弹丸之地，却遍地拾“遗”，古老的县衙、孔庙、校士馆、清道观，分散坐落在这座小小的县城里，虽然都有修整，但修旧如旧，古老的木门与古时牌坊依然原址原位，分毫不动，维持着它们昔年的形相。慈城县衙同样由房琯所建，这位被贬的宰相虽然心有不甘且仍然心系长安，但是唯有“保城安民”、“施兴土木”这些“政绩”才能让他有机会重返朝堂。走进县衙，就可看到正堂二堂、东西六部科房等，行政层次分明，充分体现了儒家的等级和秩序。

值得一提的是，县衙后花园宽敞而清幽，回廊池轩一应俱全。寓工作于休闲，古人这种生活处事的哲学，让人不由得心生感慨。

慈城拥有浓厚的学究氛围、深厚的学术底蕴，除祭祀先儒孔子的孔庙、金家井巷“三元及第”的甲第世家外，慈城最富声誉的学子圣地便是建于清道光年间俗称“考棚”的校士馆了。现在，考屋、考桌、考凳等仍按旧时排布，当年慈城莘莘学子在此伏案奋笔、展卷应试的场景依然可以想见。

相比入世的儒家，出世的释道则是另一副面目。清道观位于慈城塔山山麓，黑色的飞檐、斑驳的墙体、苍翠的植被与缓缓的山坡相映成趣，寡淡却又有着绝去尘嚣的气质。除了道观，慈城还有庙宇——妙音精舍，同样的安静淡然，若是一时腻烦了世俗的喧杂，也可择一日去逛逛，优雅的环境、古朴的意蕴，定能让心安住。

慈城，以“慈”冠名，可见其慈孝文化源远流长，冠盖四方。汉朝大儒董仲舒的六世孙董黯侍母行孝的故事在宁波家喻户晓。后世受董孝子影响而在慈城发生的有文献记载的慈孝行为难以数计。三民路上的张孝子祠，慈湖畔的董孝子溪、孝子井、慈溪桥，孔庙内的节孝祠、忠义孝悌祠等俱为慈孝文化遗址。享誉江南的慈城年糕、丰富多彩的民俗展览，甚至古法腌制的咸菜都深深烙上了慈孝文化的印记，充满了绵缠的怀旧感和人情味。

根据易学理论，慈城的地理环境和山水格局颇符合“负阴抱阳，背山面水”的原则，是中国传统县城的典型代表。县是一个权舆的概念，也是“历史的遗留”，这样的“县”制，不曾断代。正是因为这样，慈城的历史街区、古迹遗址没有被移位，传承千年的慈孝文化也没有变味，一如从前。在慈城，轻轻松松就能完成一次穿越之旅。

慈城古县城，保留了“县”制，使这里的历史、人文没有断代，所有的人伦教化、风俗民情都经“慈孝”而展开，只要通晓“古”法，无论在这里生活还是旅游，都不会有任何的隔膜与疏离。

【生态之旅】

智者乐水，仁者乐山。山水自古便是文人墨客、鸿儒雅士寄托情思的天地窗口，而宁波积淀丰厚的人文历史或许便始自她的山水相依。

山水之胜，在乎山也在乎水。四明山腹地的柿林村内，呈现出朝霞色彩的宏伟崖壁耸立在赤水溪边，山水相映，红色的光泽在水波间流转涌动，宋徽宗因而御笔题字“丹山赤水”。

黄贤森林公园位于宁波市奉化东南沿海，三面环山，一面向海。景区内古树参天，流水潺潺，飞流直下的商山瀑布与绮丽灵秀的明珠湖泊一动一静，更有气势恢宏的抗倭长城横贯数千米。

从西伯利亚迁徙万里的候鸟在杭州湾国家湿地公园暂栖，流连在簇拥摇曳的芦苇荡与荒草地中，蒹葭苍苍、草长莺飞。行走在迂回曲折的木质九曲桥上，被芦苇花絮浸润的暖风拂面而过，蓦然回首，便是“落霞与孤鹜齐飞，秋水共长天一色”。

位于甬江入海口的招宝山，惊涛拍岸，浪卷千堆雪；纵横数十公里的雪窦山，石洞中喷涌而出的泉水如乳似雪；地处深山幽谷的三隐潭，涧水一折一落，悠悠潭水或有蛟龙。

山静水动，因而阴阳互生。在历史文化悠久的宁波城内行吟于山水，或许便能乘物以游心。

扫码进入移动端阅读

丹山赤水
深藏于山的仙境

浙江省宁波市余姚市大岚镇柿林村

在“文献名邦”余姚境内，有一处令人迷醉的人间仙境，它位于叠翠连绵800里的四明山腹地，这里不但有绝壁、奇岩、古桥、流溪、飞瀑等绝美的山水，而且还有山中的道教遗迹文化、柿林古村落的民俗风情，宋徽宗曾御笔亲书将此处命名为“丹山赤水”，所谓“丹山赤水神仙宅，布袜青鞋作胜游。百尺飞泉银汉雪，一声唳鹤洞天秋”。历代诸多名人雅士纷纷到此揽胜抒怀，留下了许多优美诗篇。

丹山赤水景区的大门是高大巍峨的牌坊造型，颇具古风，步行在山边道路，向下俯视，能看到一片被斑斓彩叶环绕的村

叶炜 摄

落，黛瓦白墙，房前屋后，点缀着高低不一的柿子树，此情此景，仿佛传统水墨画的神韵再现。

如果有幸能在晚秋时节到此，便可看到更胜于平日的美景。山坡上下、村庄内外，无数红彤彤柿子，如同一个个小红灯笼般悬挂在枝头，远处林莽之间，红枫似火，又有绿树映衬，如此秋韵美景，让人感叹大自然真是一个专业的配色大师，毫不费力地搭配出如此和谐的视觉奇观。

走进柿林古村可以发现，这里四面环山，交通并不是很方便，可能正因如此，原始古朴的山居面貌才保存得比较完善。全村只有沈氏一姓，根据族谱记载，沈氏始祖是周文王的第十子，受封于沈地，遂以封地为姓，其后裔来此隐居，逐渐形成村落，流传至今。村中有一古井，唤作“同心井”，据说是开村始祖沈太隆来此定居时开凿，距今已有600多年历史，被誉为宁波市十大名泉之第一泉。多少年来，井水一直清澈纯净，冬暖夏凉，成为全村人的饮用水源，“一村一姓一家人，一口古井饮一村”的说法由此而来。

身在村中，环视满山火柿红叶，细听溪水潺潺，感受世外桃源的宁静祥和，获得的是心灵的安宁。

丹山赤水这个名字，本身就是一个很美的词，也是实至名归的。柿林村下有一条溪流，溪水因为流经红土层，再经过红色山岩映照，呈现出红色，故名赤水溪。走过溪上的赤水桥，迎面就看到一座高约百米的悬崖，岩壁呈现红色，称丹崖，上面刻有宋徽宗御笔“丹山赤水”四字。崖石缝隙之间，杂树野花顽强生长着，与岩壁形成红绿相间的效果，倒映在赤水中，更是景色瑰丽。

追溯历史，丹山赤水在东汉时期便以道家文化闻名于世。相传当年，上虞令刘纲慕此风光绮丽，弃官不做，携妻樊云翘在此隐居修道。数十年后刘氏夫妇果然成功，得道升天。从此，丹山赤水名声大震，成了道教名士隐居修身之地，道家尊之为“三十六洞天之第九洞天”。

一路往山上走，就能看到一系列的道教文化遗迹：形态逼真的太上老君——道教祖师爷的巨石，似亲自镇守这块风水宝地，护佑这一方生灵，还有规模庞大的四明道观和名为“金丹九炼”的山洞。

顺着石阶往回走，两边是苍翠的竹林，清风徐来，带来一丝凉意，忽闻潺潺水声，循声而去，可以依次看到白虎潭、青龙潭、华盖潭、灵龙潭和秋水长滩。这些潭的位置分布得错落有致，高低各有不同，有些地方水相当深，虽然碧如翡翠，清澈透明，却也无法见底，有些地方水较浅，可以看到水底那些形状各异的石头静静躺卧，落差较大的潭与潭之间，形成了小型的瀑布，不仅瀑水如烟像雾，而且水流撞击溪石的哗哗之声，凝神细听之下，仿佛也呈现出独有的韵律，如诗如乐。

再回赤水桥，正是饥饿时分，眺望村中民居，袅袅炊烟四起，又有阵阵香味飘溢而来，平时吃惯了色、香、味巧妙搭配的都市菜，不妨到古村换换口味，在青山秀水中，品一品地道的农家五谷杂粮，那是别有一番风味。

黄贤海上长城 被保护的黑夜区域

✉浙江省宁波市奉化裘村镇黄贤村

青山怀抱下，一个绿色森林氧吧，古树葱茏，溪水淙淙，清新秀丽；一座气势雄伟的海上长城，依山面海，九曲蜿蜒，有多少往事、人文古迹耐人寻味。作为宁波首个“黑夜保护区”，星空璀璨的夜色下，会引发人们怎样的遐想？不去黄贤森林公园，很难想象山川美景、滨海风情以及人文古迹居然可以如此融洽地齐聚，构成了一幅赏心悦目的动人画卷。

在奉化裘村镇，黄贤南临象山港畔，北邻奉松公路，地处幽僻，但历史悠久，文化内涵厚重。以夏黄公等商山四皓为代表的秦汉智者文化，以“梅妻鹤子”闻名于世的林逋所代表的宋代隐士文化，海上长城传承的明代戚继光抗击倭寇的反侵略文化……这些都向世人弘扬着安贫乐道的生活理念以及为追求自由和平而不畏强暴的抗争精神。

如今，这座在海风涛声中绵延了两千多年的古村落，又拥有了一个省级原生态森林公园。林逋广场、东祠庙、东元塔、清和门、肖孙阁、蟠龙寺、飞云潭等景点掩映在林海之中；高峰上的古烽火台——清和门，商山半山飞流直下的红岩飞瀑，巍峨耸立的入口城楼，共同组成了一道纵贯南北的景观中轴线，使自然生态景观和历史文化景观融为一体，令森林公园成为假日休闲、尽情享受大自然美景的上佳去处。

走进黄贤森林公园中心区域，就来到据传是为纪念黄贤宋代先贤林逋而建的明珠湖。这湖水，源自上游的山溪，始终活水不断，清冽透彻，把商山群峰和东元塔都倒映在湖中。湖畔桃红柳绿，水光潋滟，在这里既能感受到西湖般的雅致，又能领略到山野中的清扬之气，难怪有着"小西湖"的美誉。

而黄贤森林公园的所有风景中，最壮观的当然要属海上长城。

嘉靖年间，倭寇侵扰海疆，为了保家卫国，杰出的军事家戚继光率领军民积极展开抗御倭寇的斗争，还在沿海修筑了大量军事设施。黄贤，位于象山港海滨，是重要的海防区域，因此沿海山头留下了不少烽火台、城垣遗迹，如今气势恢宏的海上长城正是以这些遗迹为基础修建起来的。海上长城总长数公里，城垛森然，烽台林立，令人望之心生敬佩之意。这份敬意，既是基于对戚家军澎湃的爱国豪情，也是因为建筑物遒劲奔腾，宛如苍龙探海的如虹气势。

海上长城的核心景观和最佳观景台，是长城的龙头——江南山海关。

山海关前的长城广场上，戚继光挥旗指挥千军万马的铜像耸立在此，数门明代大铁炮相随左右。想象着当年戚家军于烽火台洞察敌情，运筹帷幄，在炮火轰鸣声、杀伐声中，三军用命，荡平侵略者的雄风，真是酣畅淋漓。

登上山海关顶部平台，看远处山岭连绵，绿叶似锦，倘若天气晴朗，更可将万顷海疆尽收眼底。蔚蓝的海面上渔帆点点，星罗棋布的是绿色海岛。此时此地，此情此景，感受着山风柔和的吹拂、聆听着海涛拍岸之声，人的心灵将被净化，胸怀将被拓宽。

当黑夜来临，再欣赏这个黑夜保护区的另一种魅力吧。

灯火通明，展示了城市的繁华盛景，但也让人逐渐忘记黑夜有着怎样的魅力。黄贤森林公园的高海拔，带来了开阔的视野，因此宁波市天文爱好者协会在详细踏勘、论证之后，授予了黄贤森林公园"黑夜保护区"的称号。当灯火按时熄灭，整个黄贤融入夜空，繁星满天的景象呈现眼前，你感觉内心对银河、宇宙的无限神往被重新唤起。人类文明诞生之前的纯净夜空应该就是这个样子的吧，这种心灵和视觉的双重震撼，只要经历过就不会忘却。

自然美景与历史人文相辉映，繁茂草木与古风建筑相依偎。在天然氧吧中深呼吸，在商山桥、黄公墓前怀念先贤，登海上长城怀古思今，感受原生态的黑夜魅力，黄贤森林公园实在令人眷恋。

黄贤海上长城 被保护的黑夜区域

黄贤海上长城 被保护的黑夜区域

叶炜 摄

五龙潭
飞瀑探幽 龙潭拾趣

✉ 浙江省宁波市鄞州区龙观乡

五龙潭景区位于宁波市西南鄞州区龙观乡境内，离城市不远。四周是苍翠的山峦，蕴藏了无限的生机；五处灵动的潭水，流淌着美丽的传说。

常流不歇的溪水，顺着山势而下，就像一条飞腾的白龙，日冲月泻，在岩石溪涧里积下了五个水潭。因此地传承了浓烈的华夏“龙”文化，而被冠名五龙潭。这是一处以自然风光为依托，以中华龙文化、浙东山乡风情和民俗民风为文化内涵，以溪流飞瀑、怪石险峰为特色的风景名胜区。

区内群山环抱，峰峦挺拔，悬崖耸立，溪谷幽深，溪水沿着峭壁蜿蜒流动，像刀削一样光滑的石壁上刻着“灵潭胜境”四个大字。山上树木苍翠，鸟语花香，溪水淙淙，时缓时急。沿着溪边石阶往前，就来到“五龙飞瀑”核心景点处，五潭依山而上，潭潭都是龙子的化身，寄寓了坊间善意的想象和美好的愿望。

沿着山路缓步前行，依次可见“孚泽”“昭泽”“润泽”“利泽”和“显泽”，“一母同胞”，又各有千秋，留下了许多与“龙”有关的传说。孚泽潭由青龙驻守，潭水近看清澈透明，远观碧蓝如玉，上方有瀑布，形如白练，沿着山石冲泻下来，美不胜收。村民认为青龙可保平安，所以其又被称为青龙潭、“福”潭。昭泽潭是黑龙居所，潭水清澈见底，幽静秀气，瀑布从山岩两边的绿树中流淌下来，细细长长，自有一番优雅气度。由于当地民众认为黑龙掌管官职，所以第二潭被指为“禄”潭。沼泽龙母娘娘的寝宫润泽潭坐镇中央，又叫黄龙潭，也称“寿”潭。潭水湍急，波涛暗涌，急转直下，轰隆作响，极其壮观。利泽潭又名“财”潭，住着白龙，据说是众望所归，美冠五潭。赤龙住在第五潭——显龙潭，主掌婚姻美满，家庭幸福，是名副其实的“喜”潭。青、黑、黄、白、赤五龙，对应着中国人传统观念中最为吉利的福、禄、寿、财、喜。龙的霸气、英武和吉祥，鲜活地存在于村民们的口耳相传间，如潭水般鲜活。

青树翠蔓、曲径通幽；龙潭飞瀑、涧泉长鸣；山水旖旎，令人心驰神往……有故事的风景就如同不息的生命，赋予人满握的力量与十足的精气神儿。

杭州湾湿地
生机盎然 天然静美

✉ 浙江省宁波市杭州湾新区西北部
（杭州湾跨海大桥西侧）

走进宁波唯一一个国字号湿地公园，眼前是开阔的滩涂，草长莺飞，大片大片的芦苇荡，开阔似看不到边际的荒草地，一派和谐恬静。

有道是“乌篷一叶信樵风”，乌篷船本身所隐含的那种闲适隐逸的情思，早已在各种文艺作品中得到淋漓尽致的表达。但亲身乘坐，却又是另一番情趣。到游船码头搭乘一艘乌篷船，在回环曲折的河道中穿梭，看白鹭和鸬鹚在水面上嬉戏，时间在别样的情趣中悄然流逝。上岸之后，不远处可以看到麋鹿园，憨态可掬的小动物就在岛上觅食，野趣横生，很想近距离接触这些可爱的生灵，但为了不打扰它们的宁静生活，最好还是远观。

杭州湾湿地 生机盎然 天然静美

穿过一段沙石路，可以看到一座木质九曲栈道和一片芦苇荡。栈道的入口处立着一幅剧照，那是来自陈凯歌电影《搜索》中的经典一幕，主演高圆圆在栈道上，回眸一笑被定格，风情万种。

沿九曲栈道缓步而行，须融入芦苇荡的美景，与芦苇共舞，方能细品其中妙处。芦苇，往往是略带枯黄时，才最为风姿绰约，因此深秋的芦苇荡总是最美的。置身在茫茫一色的芦花丛中，风一吹动，只见飞絮如雪，在身畔飘舞，凄美浪漫，难以言状。

当然，在湿地这片舞台上，候鸟总是最重要的角色。候鸟离不开湿地，就如鱼离不开水。杭州湾湿地是东南亚最大的咸水海滩湿地之一，这里水生植物资源丰富，对于候鸟而言，是极佳的生活环境。由于过冬的粮食充足，在此停留栖息，自然是最合适不过了。如今，这里的鸟类数量已经超过200种，其中国家重点保护野生鸟类13种。如果想要充分了解它们，那么就到候鸟博物馆来一场6D影院互动体验吧。在虚实结合的环境中，从西伯利亚出发，跟随候鸟"佳佳"一起飞跃高山大海，抵达温暖舒适的杭州湾。经历一场迁徙万里的多媒体之旅之后，或许你会更深切的体会到，人类与包括鸟类在内的动物们和谐相处的重要性，我们的共同目标，应该是让自然家园变得更加美好。

安静地走在芦苇丛中的木栈道上，看蓝天白云、清波绿洲，这是大自然绘就的五彩画卷，深得宁静致远之妙；小舟、白鹭、丹霞、天鹅……这一派生机盎然的和谐景象，足以去除功利、净化心灵，怎能不让人珍惜呢？

九峰山
江南养生天堂 浙东西双版纳

浙江省宁波市北仑区大契街道、柴桥街道

“远眺参差九点峰，青山削出翠芙蓉。”九峰山的魅力，不仅在于山水之间，当你细心回味时，它是存在于你内心深处的。当我们迷失于都市的名利喧嚣时，来到这“华夏第一谷”看看花溪、怪岩、奇潭、飞瀑，穿越峡谷去燕湖泛舟，然后再到名寺古刹体会千年禅意，欣赏“浙东西双版纳”原始森林的植物风貌，探索“小恐龙”镇海棘螈的奥秘……一场与九峰山的约会，收获的是一份闲情逸致，让疲惫已久的身心重新焕发出生命的活力。

游九峰山，必先到网岙景区，这里又称为五小娘景区。传说天上的五姑娘被这里的美景所迷而下界，谷中有一处潭水，水质极清，五姑娘便在此沐浴。宁波人称姑娘叫“小娘”，五小娘之名因此而来。

景区的主干线是一条长2600余米的峡谷，进入峡谷前先要穿过一个野外烧烤场。在这里约上三五好友，以烧烤美食为乐，把酒言欢看山水，一定是惬意非凡。

九峰山内设有祈雨坛，旧时每年六月初十或者干旱无雨时，乡民按风俗在这里组织祭祀活动，祈求东海龙王保佑风调雨顺，场面非常热闹。如今人们已不像以前那样信奉雨水是龙王所造，但期望风调雨顺的美好愿望应当是永恒不变的。

龙潭飞瀑是九峰山内一处壮观的风景。“绝漳何来萧萧风，飞流百尺气如虹。”水流从30余米高处飞泻而下，气势惊人，声震林木。倘若是夏天，站在瀑布前，水汽弥漫，清凉袭人，炎热全消，这是只在山间才有的享受。但如果有缘能在冬天来到这里，就可以体会一番“待到山花烂漫时，她在丛中笑”的意境了，这里是全浙江梅花种植面积最大、品种最多的地方。梅花漫山遍野，令人赏心悦目，走在其中，好像自身也被梅花那种“凌寒独自开”的铮铮风骨感染，天再冷，世间事再难，似乎也无所畏惧了。

如果把整个九峰山美景看作是一道视觉大餐的话，真正的主餐还要属被称为“浙东西双版纳”的瑞岩景区。

原始生态与宗教文化融合，是瑞岩最为迷人之处。民间一直流传着“先有瑞岩寺，后有普陀山”的说法。瑞岩寺与天童寺、阿育王寺并称为浙东三大名刹，已有1500年历史。相传唐朝会昌年间，普化禅师在此立精舍，其后几经兴哀。到了清光绪三十年（1904），瑞岩寺因被钦赐《龙藏经》并获慈禧亲书“施慈北济”匾额而名声大盛。

到瑞岩寺，你会发现，与其他千年古刹那种梵宇巍巍、梵乐声声的浓郁佛教氛围相比，瑞岩寺更以绝佳的景色取胜，寺前芝水溪纡曲回环，溪石杂陈，寺后青黛翠碧，变幻无穷，四周古木参天，遥望远处可见云蒸霞蔚，气象万千。如此美的风景，要得益于瑞岩得天独厚的自然生态环境，这里的9000亩原始森林，是亚热带最典型的自然生态群落，动植物资源的丰富程度，即使与植物王国西双版纳相比也毫不逊色。

看看唐朝时就种下的银杏树，无言伫立，见证千年历史的它，如果能够表达，或许会讲述很多让史学家为之震惊的故事。四个人手拉手才能环抱的香樟巨木，直径大得令人咂舌。

沿着森林野径可以来到一片青翠竹林，此处据说是八仙之一的张果老，用赶驴的小竹鞭插种的，仙人踪迹实在令人神往。

除了静谧无言的植物，在瑞岩还蛰伏着国家二级保护动物——镇海棘螈。因为形体酷似原鳄类恐龙，它又被誉为“小恐龙”，据说这种动物已经有1500万年历史了，堪称“活化石”。在绵长到远远超过人类历史的时间里，它是如何生存至今的呢？在它身上存在着多少生命与自然的奥秘啊！然而，目前棘螈的数量已经仅存350尾，比大熊猫还要稀少。

不得不承认，登上九峰山之巅的路，很漫长，然而，正因如此，留下的回味也是那么悠长。

招宝山
浙东玉门关的多元魅力

浙江省宁波市镇海区城关招宝山路10号

在波涛汹涌的东海之滨，奔腾不息的甬江出口，宁波镇海，有一座小山，高不过数十仞，却有“天下第一山”之称，它是无可争议的镇海关隘、甬江咽喉和海防要塞。从人文视角来看，它是中国近代史上的英雄之山、文化之山、招财进宝之山，它就是有“江海锁钥，浙东门户”之称的招宝山。

登上招宝山不难，因为它海拔不过区区80余米，如果要真正读懂招宝山，似乎就不那么容易了，除了欣赏它的自然风光，还需要了解历史地理，懂得经济人文，而且，最好还要对佛教文化知晓一二，所以，招宝山的魅力是多元的，带来的感受也是丰富多彩的。

从地理位置看，招宝山地处海口，“商舶所经、百轸交集”，这里是海上丝绸之路的起碇港，国内外的商船往来频繁，商业繁荣，人称“六国来王处，平倭第一关”。在水上交通兴盛的年代，著名的宁波帮人士如叶澄衷、邵逸夫、包玉刚等，都从这里下海前往上海滩创业，所以宁波人亲切地把招宝山称为“宁波的招财进宝之山”，用宁波本地话亲切地称赞它：“阿拉招宝山交关好。”

但在历史长河里，这座招财进宝之山，承担的却不仅仅是“掌管东方财库，庇护东方商贾”的责任，它“固六邑之咽喉，全浙之关键，而为商船出入之要道也”，因此自唐朝开始，招宝山便是兵家必争之地，历经大大小小战事46次之多。为了抗击外敌骚扰与侵略，无数民族英雄、爱国志士在这里挺身而出，前赴后继，谱写了可歌可泣的历史篇章。

见证招宝山的光辉抗战史，必须去的地方是雄立于招宝山巅的威远城。它始建于明嘉靖三十九年，气势雄伟，上设各种火炮，居高临下，有“一夫当关、万夫莫开”之势。

明朝中叶，倭寇为患，浙江军民和名将卢镗、俞大猷、戚继光曾先后在这里大败倭寇。第一次鸦片战争期间，林则徐在此率领爱国军民血战英军，悲壮慷慨。1885年，中法战争招宝山之役就发生在这里，这可以算是中国海岸线战争历史上唯一的一场全胜战役。

历史的车轮推进，威远城始终屹立，抗日战争时期，镇海军民在这里曾多次浴血奋战击退日军的进攻。这里每一块青砖，每一方土地，均洒过爱国志士的鲜血，它想告诉我们的是，虽然年代不同、侵略者不同，但不畏强暴、自强不息的民族精神却始终如一。如今置身威远城，触摸明清将军们的手迹碑刻，手扶老式大铁炮瞭望东海，仿佛听到了当年士兵们发射铁炮的轰鸣声。细细体会爱国志士对抗侵略、保家卫国的豪情壮志，心中的感佩之情油然而生。

带着感动，走进威远城内，置身宝陀寺时，又会为佛教文化的博大精深而深深赞叹。由于宝陀寺供奉的是从普陀山迁来的“不肯去观音”，因此声誉日隆。

有寺怎能没有塔？招宝山上的鳌柱塔是山上最高的建筑，塔身净高57.6米。登塔远眺是一种享受，看近处高楼星罗棋布，发电厂、炼油厂尽收眼底，看远处东海烟波浩淼，海天一色，舟山群岛若隐若现，风光无限，望镇海港与甬江的船只千帆竞发，气势非凡，真是令人心旷神怡。

自然风光、历史人文遗迹汇聚在一起，这就是招宝山给人带来的无穷回味。

雪窦山
名山美景 心灵胜境

浙江省宁波市奉化溪口镇

世间总有些风景似曾相识，那些在梦境里曾经邂逅过的美景，那些在画卷中无心描摹过的山水，还有在阅读的过程中想象过的亭台楼阁、名寺道场。来到溪口雪窦山风景区，你会看到它们出现在眼前，就仿佛见到多年老友一般。

雪窦山低处是历史悠久、规模宏大的雪窦寺，据传早在晋代便有比丘尼结庐在此，时名“观音瀑布院”，宋代更是“成为天下禅宗十刹之一”，是佛教界公认的弥勒佛道场。汉代古银杏的传奇、布袋和尚的禅诗、传说与史实融合的令人陶醉的历史氛围、俯视众生的全球最大露天弥勒大佛铜像营造了浓厚的佛教文化气息，令人为之感染。

雪窦寺往西，可以一访当年蒋介石幽禁著名爱国将领张学良的旧址，亲见少帅被幽禁在此的细节。张学良在西安完成的惊世之举，换来中华民族生死存亡之际的重大转机，但其后半生的幽禁生涯也就从此开始。

雪窦山曾被蒋介石题名为“四明第一山”，但海拔最高处也不超过900米，算不上高耸入云。不过山不在高，有潭则灵。提及雪窦山的自然风光，真正的精华肯定是三隐潭，而三隐潭的奇趣，细品之下，可以归结为一个“隐”字。

三隐潭之水景，是隐匿于山谷的，它源头来自北面的东岙村，从上到下形成三级瀑布，分别是上隐潭、中隐潭、下隐潭，每一处各具特色。来到上隐潭，会为此处的幽险叫绝，从崖顶下行至潭底共须经过216级石阶，陡峭宛如天梯，潭底架有一座石桥。盛夏之际，站在雾气弥漫的桥上，抬头看一看随崖倾泻而下的流水，听一听哗哗作响的水声，多驻留一会，让水沫溅湿衣襟，让凉意洗涤一下心境，真是一种全身心的享受。

从上隐潭下行约500米，有一座八角飞翘的寒玉亭，这里是欣赏中隐潭的最佳地点。中隐潭的风光，以清秀见长，数道瀑布从层层叠叠的岩石中倾泻而下，水珠飞溅，如雨似雾，落到潭底，激起浪花千朵。倘若运气好，在晴天观赏，还能于雾气弥漫中看到炫目的彩虹，与瀑布遥相辉映，堪称人间胜境。

去下隐潭的路上，还有一处不得不看的美景“鸳鸯瀑”，一对瀑布在壁岩的左右两侧，双双坠入瀑潭，如同一对缠绵难分的情侣，两道瀑布始终相守相依，不弃不离，用飞流齐下、合二为一的行动，诠释着海枯石烂、永不分离的誓言，让人无限感动。

前往下隐潭，首

先可见一处高约20米左右的淡紫色的笋峰，与青山一起亭亭立于蓝天白云间，这便是古称“石笋峰”或“美人岩”的笋峰，从古至今都是三隐潭不得不看的胜景之一，一路期待的下隐潭正是藏在此峰下面。峰在潭上，潭在峰底，半遮半现。整个下隐潭宛如水上广厦，瀑布横倾潭外，仰视如彩霞横空，绚丽多彩，不可方物。

行至此处，你会发现，三隐潭虽说是上、中、下各有千秋，但下隐潭集峰、洞、潭、涧于一处，风景独秀，毕竟还是更胜一筹。

三隐潭的景观自上而下，让人联想到人生的一波三折。来到三隐潭，追随溪流的脚步，尽可以惬意地在草木丛林之间游走，饱览群峰竞秀之美，赞叹飞瀑倾泻之壮丽，感悟三隐潭所带来的那份寄情于山水间的忘我逍遥之心。

走过三隐潭，到达千丈岩，却又是另一番雄奇壮观的气象了，站在岩底的大石上，仰视一挂瀑布，宛如白绫素练，悬挂半空，水流从168米高处飞泻直下，犹如倾云倒雪，仿佛整个山谷也在为之颤动，看着水击成潭，雾气弥漫，你一定也会为其壮美而深感震撼。

搭乘空中索道，踏上群峰环拱的妙高台，登高望远，晴朗时溪口全景尽收眼底，良夜时月挂天柱。这里有蒋介石的别墅，是他下野时的居住之地，也是他筹划东山再起的指挥所，如今人事已非，权谋野心俱往矣，唯有陈列着的珍贵文献、照片，客观地展示着历史的一个个瞬间。

遍游雪窦山之后，心里的满足感一定不会是单方面的，你会为这里的自然风光而陶醉留连，也会为在这里曾经发生过的历史往事而感慨万千，还可能会被弥漫着的佛教文化而感染，从此，心怀一颗虔诚之心……

【静修之旅】

宁波多山，山中多寺庙，寺庙多禅师。

千余年来，如云的禅宗大家诞生在宁波，推动和见证了佛教在中国的发展。其中最具代表性的便是中国化的弥勒信仰。人们大多以为，弥勒本就是袒胸露腹、笑口常开的，却鲜有人知晓，弥勒的这般形象来源于五代时后梁高僧布袋和尚。

昔时，布袋和尚最爱游化雪窦，他蹙额大腹、出语无定，时常捧腹痴笑。圆寂后，世传其为弥勒应化身，被奉为大肚弥勒佛，称其“大肚能容，开口便笑”。

又因宁波特殊的地理位置，自隋唐起，具有中国特色的佛教文化便随着海路向外传播。宁波的诸多名山古刹，譬如雪窦、天童、阿育王、七塔等寺院，或成为朝鲜半岛、日本以及东南亚各国的佛教派系始祖，或有法脉流传至今。

如今，山依然，寺庙依然。在天地间觅得一方安详，晨钟暮鼓、青灯古经，可听风雨，可闻梵音。

扫码进入移动端阅读

雪窦寺
大肚容天下

浙江省宁波市奉化溪口镇

雪窦寺，全名雪窦资圣禅寺。古银杏的传奇、布袋和尚的禅诗、应梦名山的过往，史实和传说交融，令雪窦寺魅力无穷。

美哉，名山名刹

一千多年的漫长时光里，院子里的银杏已合围粗壮，郁郁华盖。古树的故事从这里开始——这座站立了千年的古寺，雪窦寺。

寺中的古银杏是雪窦寺千年岁月的见证者，也是寺院传奇的一部分。两株银杏有雌雄之分，左边为雌，右边为雄。更珍贵的是它们系汉代所栽，人称“汉代白果”。郭沫若游雪窦寺时曾说：“汉代大树，诚不虚也！”每逢秋日，银杏叶挂满枝头，金黄璀璨，映衬着青天和黛山，如同两盏明灯。如果，一个佛教圣地能用美来形容的话，银杏之于雪窦，不过是它华美长衫中的一角。

“应梦名山”之上，素黑瓦、明黄墙映着钴蓝色的天空和奔涌的流云，有千年的镇定。名山与名刹，总是如此相生相息。雪窦山纵横数十公里，最高处海拔900多米，有“四明第一山”的美誉，山的主峰叫乳峰，乳峰下面有一个石洞，洞内喷出来的泉水，如乳如雪，所以称雪窦或乳窦，雪窦山的名称由此而来。雪窦寺因雪窦山而得名，位于雪窦山中心，四面环山，两流合汇，九座山峰犹如“九龙抢珠”，环境胜绝。

自晋代开山以来，雪窦寺已有了1700多年的历史，唐朝成为“十方禅院”，之后漫长而孤寂的岁月中，这里香火旺盛，高僧辈出，成为天下禅宗十刹之一。宋真宗咸平二年（999年），赐名“雪窦资圣禅寺”，御书“资圣禅寺”匾额。

依山而建的雪窦寺，占地面积124亩，寺内梵宫深邃，巍峨肃静。2008年，在中国奉化雪窦山弥勒文化节上弥勒大佛正式落成，在寺院的任何一个角度都能一眼望见其祥和的微笑。高达38米，加上莲花宝座，总高度达到56.7米的弥勒佛铜像，是目前全球最大的坐姿弥勒佛铜像。佛像周身金黄，阳光下熠熠发光，如同佛光四射。

善哉，笑颜弥勒

一千多年前，雪窦寺的银杏树还是小树苗之时，有一个神秘的和尚经常光顾这里。根据史料记载，这个法名契此的和尚，早年在岳林寺出家，有空也到雪窦寺挂单。他是个大胖子，平日里不修边幅，大大咧咧，背着个大布袋，四处化缘，大家都叫他布袋和尚。他看到农家插秧，便会对人唱：“手把秧苗插满田，低头便见水中天；六根清净方成稻，退后原来是向前。”契此圆寂之时，端坐一块磐石上，说了一偈：“弥勒真弥勒，分身千百亿；时时示世人，世人自不识。”这些充满禅意的诗，在民间同布袋和尚的传奇故事一同流传，人们相信布袋和尚就是弥勒的化身。

1932年，雪窦寺住持太虚大师将弥勒菩萨道场选在了雪窦山，不仅因为雪窦山的自然环境优美，兼有天台山的雄伟，雁荡山的奇秀，天目山的苍润，更重要的是这里有布袋和尚的传说。弥勒的本义为“慈氏”，意思是对众生怀有慈悲仁爱之心。在许多人的心中，大肚弥勒的形象是宽容、和善、智慧、快乐的象征，民间常说男戴观音女戴佛，这个佛就是大肚弥勒。雪窦寺里，僧人们每天的早课中必不可少的是念诵有关弥勒的佛教经典，沉稳的诵读声里自有一份旷达。

谢惠君 摄

天童寺
青山捧出梵王宫

浙江省宁波市鄞州区天童乡

天童寺的妙，在恰好的距离感。地处东郊深山，却和尘世保持着如此紧密的关系。人们如此熟悉它，以至于几乎忘记了在历史洪流中，天童寺的不朽地位。

很久以前，一位隐居浙江黄鹤山的画家云游作画，来到一处，这里有精美的建筑，殿宇辉煌的寺庙，有蜿蜒十里的古道、五座山门，沿途两侧，尽是苍翠松林。一路行去，满目清凉，松风如水，可以醉人。于是画家便把寺庙以及周围的景色画在了一幅长手卷上，题为《太白山图》，并把这幅画送于寺内主持，作为寺中珍藏。

这位画家，就是元朝四大画家之一的王蒙。画中的寺庙，就是有“东南佛国”之称的天童古寺。

古寺新颜

西晋年间，义兴禅师的一次云游，成了天童最美的开篇。当时有童子日奉薪水，临辞时自称是“太白金星”化身，受玉帝派遣前来护持，自此山名“太白”，寺曰“天童”。从此，这个义兴结庐之地几经兴建与损毁，如今有殿、堂、楼、阁、轩、寮、居七百多间，且佛像高大，整体规模国内罕见。寺院内松林苍郁茂密，萧寺殿阁、草堂茅屋掩隐其间，行者僧侣各行其道。

“太白”与“天童”仿佛相依而生，层峦叠翠的远山是青瓦古寺的一块幕布，悠远浑厚的晨钟是深山的低吟。假日里纷至沓来的游客打破古寺的寂静，清幽有时，喧闹有日，古寺的今天包容着尘世种种。

全木质的门楼，五扇错落有致的木门极似佛家“和合众”的“众”字，素雅端庄；与气势恢弘的大门相对立的是日本曹洞宗纪念馆——弘法馆，以佛教回忆、礼佛朝圣、展览佛教文化艺术品和曹洞宗宗史资料为主；莲花广场上，“百子敬佛”群雕讲述着百位童子敬奉释迦牟尼的故事。

站在山峦起伏的太白山麓，遥望青岗岩上的天童新景千佛塔，只见巍巍宝塔在竹林绿树的掩映之下，直入浮云。古有一位叫千光荣西的日本高僧为报佛恩，从日本运来百围巨木建千佛阁，后毁于洪水。为了纪念这段礼佛盛事，耗资千万建成了这座千佛塔，塔内供奉着五方五佛、过去七佛，成为天童寺的新地标之一。

这些带着现代化痕迹的建筑，代表了天童寺作为世界著名佛教文化旅游胜地面对未来的姿态。“山山桑拓绿浮空，春日莺啼谷口风。二十里松行欲尽，青山捧出梵王宫。”由山门外回望，天童寺掩映在暮色苍茫之中，若隐若现，回味悠长。

禅风远播

天童寺历史上高僧云集——百丈怀海、四明知礼、宏智正觉、大慧宗杲、圆瑛……无数高僧大德悉心弘扬佛法，使得天童古寺禅风远播。

地处滨海之地的宁波，历来都是重要的商贸与文化交流口岸，发达的佛教文化也由此成为对外文化邦交的主要内容之一。唐宋年间，许多乘船来华的日本僧人，在上岸后，或出海回国前，常常都会到天童寺住一段时日；日本临济宗始祖荣西大师，到此求法后，回国在京都东山创立建仁寺；道元禅师到天童寺虔诚地求教于如净禅师，而后成为日本曹洞宗始祖，弘传禅道，时至今日，该宗教徒仍以天童寺为本宗的起源祖庭；日本一代绘画巨匠雪舟和尚，还曾任过天童寺首座。可以说，天童寺对于日本佛教的影响，甚是深远。如今的天童寺内，日本游客络绎不绝，频繁的佛教文化交流，扩大了宁波佛教在海外的影响，也推动了浙东与海外各国文化的交流。

阿育王寺
佛陀的家园

✉ 浙江省宁波市鄞州区五乡镇宝幢明伦村

传说，佛陀在世时，王舍城有一位孤独长者已经开始建造供养佛陀头发、指甲的建筑以表达人们对佛陀的崇敬。佛陀寂灭后，更有了舍利塔。阿育王寺连同它供奉的那一尊小小的青塔，在长久的岁月里一直充当着人们心灵的寄托，而今依然伫立，亦是一种守护。它是人们同佛之间的密语。

梵宇深静日月长

凡来宁波造访寺庙的，阿育王寺是不能绕过的一程——阿育王寺在佛学界的名声太大了。它是我国禅宗名刹“中华五尊”之一，是国内现存的唯一以印度阿育王命名的千年古刹，始建于西晋。寺内有一座名闻天下的珍藏着释迦牟尼真身化骨舍利子的“舍利宝塔”。

汽车疾驰在开往阿育王寺方向的宁穿公路上，从车窗向外望，时而是新式的高楼错落有致，时而是碧绿的草株迎风翻滚，望不见尽头。还没回过神，汽车已越过宝幢，育王岭上逶迤的黄墙在绿林掩映下缓缓入眼。

印象中，千年古刹总该栖身于幽山丛林才是。像太白山麓的天童寺，寺前长长的参天古松道清高静穆，或者像灵山上的保国寺，山岙清冷冷的风吹拂着丛林秘境。阿育王寺门前，却是轰隆不息的双向快车道。以为车马喧嚣会惊扰寺院的祥和宁静，走进去，才深感不愧是“八吉祥六殊胜地”，寺院里修竹篁篁，重翠荫蔽，红尘世界被隔绝在杏黄的寺墙外，只听得鸟雀的啼鸣和风吹树叶的沙沙声。

张岱在《陶庵梦忆》里写道：“阿育王寺，梵宇深静，阶前老松八九棵，森罗有古色。殿隔山门远，烟光树樾，摄入山门，望空视明，冰凉晶沁。”阿育王寺盛名千载，历代帝王将相与文人墨客游踪相继，题咏不绝。寺中多见皇帝御笔，文豪手迹，古寺却宠辱不惊，聚集了常年香火味道的木质屋顶恬淡质朴，洒了水的庭廊青石板持久冰沁，佛陀宝相巍峨庄严。一切经年不变，漫漫岁月似乎只是昨日之事。

万工池边，小品文中的画面感更是扑面而来。山峦蓊郁，古树遍地。一棵老松，或是雷电所劈，树体倾斜，松针绿莹莹地浸在水中，池里倒影团团簇簇，颤颤巍巍。一群小龟趴在浮木上晒太阳，水鸭游过来，用红脚蹼一踏，顿时船翻龟落。远处，白鸽在草地啄食。它们在此间似乎平安喜乐，无忧无惧。

进入一个小院，屋门紧闭，瓦檐上生着野草，树下蹿过一只觅食的小松鼠。院中一丝声息也无，唯有洗净的僧袍晾着。悄悄退了出来，见到木槿花簌簌地落下两瓣。在钟楼之外，遇见两位僧人，宽袍大袖，在桂花树下闲坐纳凉。其中一位法号印象，18岁出家，几年前来到阿育王寺。寺中有僧人一百多名，每日凌晨4点做早课，傍晚时分做晚课，晚上10点前休息，顺应天时，每一日都过得冲淡平和。

舍利玲珑安如豆

阿育王寺闻名中外，不仅因为山清水秀，殿宇巍峨，更由于它有一座举世瞩目的舍利宝塔。

据《阿育王传》记载，佛陀寂灭后，印度孔雀王朝的国王阿育王在其统治时期（公元前2世纪），在波吒利费城举行了佛教史上规模最大的一

阿育王寺 佛陀的家园

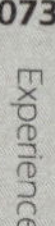

次结集，编纂整理经、律、论三藏经典，并派遣僧侣四方传播佛教，使佛教成为世界性宗教。他还取出王舍城大宝塔中阿阇世王分得的佛陀舍利，分成八万四千份，“令羽飞鬼，各随一光尽处，安立一塔”。在中国，共建造了19座舍利塔，其中一座就是今天阿育王寺的舍利宝塔。

阿育王寺是驰名中外的稀世之宝——佛陀真身舍利的安家之处，古往今来，到此顶礼膜拜的善男信女络绎不绝。人们专程来此瞻仰礼拜，只为一睹苏东坡笔下“青如豆色”，张岱笔下“煜煜有光”的佛陀舍利，传说一千人会见到一千种不同显像的舍利子。

与大雄宝殿后门隔了一方天井的，就是阿育王寺最富丽庄严的殿堂——舍利殿，正屋五大间，高约十三公尺，重檐翘角，屋顶的金黄琉璃瓦在阳光下熠熠生辉。殿前屏门，浮雕绮丽，檐下“妙胜之殿”的匾额，乃宋孝宗御笔。阿育王寺关于舍利子的传说不胜枚举，慕名而来的信徒香客往往急切地想一睹真容，然而佛祖的舍利子却并不在这舍利殿中，而在藏经楼寂静的阁楼上。凡欲瞻仰舍利子者，需先同寺方打招呼，由客堂僧引领观瞻。

“舍利子常放光，琉璃五彩，百道迸裂，出塔缝中，岁三四见。凡人瞻礼舍利，随人因缘现诸色相。如墨墨无所见者，是人必死。昔湛和尚至寺，亦不见舍利，而是年死。屡有验。”前人说得玄奇，但凡香客至此顶礼，守护舍利子的僧人也会随之顶礼，起跪数次亦无倦怠，这大概是源于内心的信仰。

舍利殿后有一方小小的井，名为“母乳泉”，亦是寺中一奇。井边围墙石壁上刻有魏体“散曼陀华”四个大字，笔力遒劲，为清代书法家高振霄手迹。为什么称它为母乳泉呢？据说：（此井）有泉涌出，冬夏不绝，甘白如乳，故称母乳泉。直至今日，泉水仍活，仍泛着淡淡的乳白色，井壁上零星生着野草苔藓，一条小小的锦鲤在几片红叶间摇着尾巴游来游去。

五磊寺 丛林之音

浙江省宁波市慈溪观海卫镇

“高松飘白雪，深寺掩香灯。”在7月无可逃遁的炎热里，那是一个容你纳凉的清静世界。浙东第一古刹，山石磊磊，冷绿森森。遥想名僧当年，芒鞋破钵、青灯黄卷，于此讲经传道。这是一方不染俗尘的净土。

肩挑明月回山寺

古刹依名山仿佛是天经地义的事情，号称“浙东第一古刹”的五磊寺隐匿在九曲十八弯的五磊山中。进五磊寺，需开上逶迤十几里的盘山公路。这条盘山路素有“小庐山”的美誉，一路翠柏修篁，葱郁成林，草木的香气混合着淡淡的雾霭伴随左右。也有虔诚的信徒，不愿坐车，从山脚下三步一拜，直至寺前。

寺在象王峰南麓，随处可见百年的古松古柏，树干粗硕，枝叶如盖。枝上有鸟雀飞蹿，翅膀惊起扑棱棱的声响。山风掠过，松涛便发出浪一样的呼啸，而几千年的光阴仿佛就在这树间喧哗流动。

叶炜 摄

五磊寺初建于两千年前的三国时期。清雍正《慈溪县志》载："五磊寺，吴赤乌间有梵僧那罗延结庐修静，唐文德间僧岑建，名灵山禅院。"查康熙年间编成的《五磊寺志》，亦有此言。相传彼时天竺金僧那罗延尊者来到中国，跋山涉水，选中了五磊山上的这块风水宝地结庐清修。因缘成熟后，以佛光点化吴国太。国太心性大开，为报佛恩，遂命其子孙权在尊者结庐处修建一小小寺院，这便是五磊讲寺的前身。

唐僖宗文德元年（888年），五磊寺的规模得到了极大扩展。各种经幢阁楼美不胜收，殿堂亭榭尽显佳气。此后，五磊寺几度兴衰，修而毁，亡而葺；兴而废，败而尊。至20世纪六七十年代，几无遗迹。1985年后，在真如法师主持下，先后募资建造大雄宝殿、天王殿、三圣殿等，梵宇重光，规模空前。今日的五磊寺，有常住僧人60位，殿堂楼阁及各类寮舍400余间。

无论沉默于墙断垣残、大殿倾圮、青草疯长的荒凉岁月，还是焕然于画楼雕甍、梵呗声声、香火缭绕的鼎盛时刻，五磊寺都是安静的。这种安静，仿佛源自阅尽世事兴衰乃至生命悲喜的超脱，又仿佛源自数千年前的某个夜晚，僧人披一身如霜的月色，推开禅房门时刹那的心境。

口吐莲花说禅理

有寺无僧不成灵静，有僧无寺不成雅意。五磊寺不同凡响之处，既在于古刹悠久的历史与秀奇的风貌，更因为一众修行高深的僧侣在此传播佛法，由此奠定了五磊寺在浙东佛学界中举足轻重的地位。

那罗延之后，五磊寺还相继出过、来过许多得道高僧。唐朝有令頵禅师，宋朝有云门宗六世智环禅师，明朝有守智禅师，清朝有临济宗三十一世道忞禅师、临济宗三十二世达变禅师，民国有天台宗四十三世谛闲法师、律宗第十一代弘一大师和炳瑞法师……这些高僧，或驻锡讲法，或飞临传经。

五磊寺周围至今还有不少与开山始祖那罗延相关的遗迹。内五峰之一的牛角峰顶东南坡上有一石洞，相传是那罗延填石为墙面壁坐禅处，人称“祖师洞”。寺西天峙峰麓剩日湾有僧塔林，那罗延尊者、谛闲大师、月西法师三墓塔，均镌塔铭，追塔主前世功德。那罗延尊者塔，塔柱上刻“开山那罗延尊者之塔”九字。那位风餐露宿、枕石漱流的开山尊者，想必目光清亮，悲天悯人。另一位值得一提的谛闲大师，使五磊寺成为宁波最初的一处天台宗道场。据《五磊寺志》载：天台宗第四十三世谛闲大师两度在五磊寺主持讲席，弘扬天台宗教义，五磊寺遂转为天台宗道场。他还设坛传学，慈溪、象山、镇海、余姚、奉化等地百余人到寺剃度受戒，传为浙东佛教界盛事。大师圆寂后，其法徒炳瑞、宝静等将其灵龛迎至五磊山，建墓塔于牛角峰，后移筑剩日湾僧塔林。据传，大师墓塔移筑时，寺中一株苍虬多姿的老梅，忽而生机勃勃，萌发新枝繁花，剩日湾风声、水声、梵呗声，三日不绝。

1931年春，五磊寺还迎来过鼎鼎大名的弘一法师，本拟主持“南山律学院”，开办律学道场，后虽未果，但也是五磊寺一大盛事。

【古镇（村）之旅】

从前的日子慢。日出而作，日落而息。

三月的桃花总会盛开，十月的柿子总会挂满枝头。一日复一夕，一年又一载，时光走了，却也停了。沧海桑田，白云苍狗，古时的田园诗意大多变作了都市的红尘浮华，但仍有星星点点的村落被时光遗忘，散落在山河湖海之间。

宁波是座适合守护古老村落的城。层峦叠翠形成天然的屏障，山里的村落得以藏在深山人未识；白浪滔天化作骇人的怒吼，临海的古城得以匿于滨海人未扰。粉墙瓦黛，阡陌交通，如桃花源般的古老村落安然地坐观四季流转，生活在其中的人们也格外的自在恬淡。

无论是闲情野趣，抑或是渔船晚歌，不同的古村落都延续着相似的一息尚存的古朴，不经意间便消除了行人的浮躁，竟也浑然忘归了。

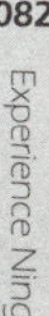

扫码进入移动端阅读

前童古镇
小桥流水人家

浙江省宁波市宁海县前童镇前童村

宁海县城西南14公里处，鹿山与塔山共同守护着一处古老的村落——前童古镇。相传在南宋末年，官居迪功郎的始迁祖童潢在游历中偶然发现了这块“风水宝地”，便举家迁徙至此。这以后，数代童氏子孙便在这里生根发芽，一脉相承。

如同奇迹般，历经八百年后，前童古镇依然保存了其古建筑群的完整规模和雕刻工艺的精湛绝伦，村南如白练般碧波潋滟的白溪依然顺着八卦水渠挨户环流，前童村的居民也依然按照古老的方式过着古老的生活。

“小桥流水人家”都不足以描绘前童古镇的美之万一，因为它的美更来源于其建筑布局的精心设计。近两千户人家，竟然能“家家连流水小桥，户户通卵石曲径”。泊泊流动的溪水环绕着粉墙黛瓦的民居，平窄的石板小桥成为家家户户进出的唯一通道，通向古镇中卵石铺就的漫漫长街。

叶炜 摄

大大小小的宅院户户相连，屋屋相傍。处处宅院均饰以风格多样的雕刻装潢，古墙上随处可见镂空的石花窗，图案各有不同，却大都蕴含着“福禄寿喜财”的寓意。在黑瓦叠叠、粉墙堵堵之间，诸多明清时代的古建筑林立其中。

清嘉庆年间建成的职思其居为四合院两层木结构建筑，这种民居的布局意在使所有家人都可和谐生活于一处，符合中国的伦理道德观念。其以天井为中心，遍地都是用黄色卵石铺就的隐喻“金钱铺地”的铜钱状图案，居中则是用黑色卵石拼成的象征“禄”之含义的梅花鹿形状的图案。中堂正壁遍贴历代屋主中举的捷报，可见此宅人才辈出，是典型的“书香门第、诗礼之家”。

比邻的明经堂于清道光年间建成，天井中黑色卵石铺就的图案为“狮子滚绣球”，因而此宅又称“狮子明堂”。其匾额为浙江学政奉道光皇帝之命所立，“礼仪”、“孝悌”篆字砖雕分别装饰于左右门墙上，体现了宅主对自身道德准则的要求。此宅质朴而有古风，高雅而不浅俗，是典型的浙东古民居。

清代初年建成的泽思居马头墙高耸，气势恢宏。院内厅堂轩敞，廊柱挺拔。正梁上刻有“四仙迎宾”的典故，正厅东首梁上刻有五只仙鹤，西首梁上则刻有“百鸟朝凤”的图案，整栋房子可以说是“无梁不雕，无雕不精”，号称“江南第一雕花大楼”。

明代大儒方孝孺先生受童氏先祖伯礼公礼聘，来到前童村的石镜精舍科教育人，开创教化。因童伯礼待他分外恭敬，方先生便称赞童氏家族为“诗礼名宗”。这四字后来便成为童氏宗祠大厅高悬正中的匾额，童氏家族也世代奉行着“耕读传家”、“奉公完课”的族训，因此历代人才济济。仅明清两代，童氏一族获秀才以上功名者便逾两百人。

电影《理发师》曾在前童古镇取景。在陈逸飞先生眼中，前童古镇与江南其他的水乡古镇都不一样，它“给人以古朴、深厚、很有人文的感觉，有着浙东古镇特有的韵味”。陈先生走后，前童古镇依旧安然地蛰居在浙东宁海，绿水白溪悄然守护着这一方净土，而童氏后代们也如过去般，在这古老村落中世代生息。

郑氏十七房
昔日围墙 今日房客

✉ 浙江省宁波市镇海区澥浦镇

白墙、灰瓦、栗栏、褐梁、赭檐、绿柳……在这里似乎每一个事物都被冠上了特定的颜色。生活在其中，习惯被每一处细节所感动，这里是曾经的大户人家，是此刻的梦幻酒店。

郑氏十七房的古静绝非做旧可以模仿，时间在灰砖碧池中留下的记忆，是裂纹，是苔衣。将人们请进这样一个村落，是让年迈的老者重温小时候大院落的温情，让年轻的旅人做一场误入大宅第的美梦。穿过连廊，跨过门槛，每一个转角都能变换出崭新的一幕，似乎分分钟都会有一场意外的邂逅。

一层高过一层的马头墙，很自然地将十七房划分为外厅、内堂、宴厅、餐吧和房舍……走廊相连，即便是雨天，也能在其间自如地穿梭；巷弄相隔，功能划分分明，互不打扰，随处皆有清幽。扇形的路牌以工整的楷书抄写，轩、园、堂的称呼，洋溢着儒雅味儿。

十七房的明清商业街也是古味十足，一座座古宅化身茶馆、咖吧、酒吧、餐厅、工坊，待天微亮，主人便移下门板，清扫铺前，煮上热茶，掸掸板凳上的灰尘，吆喝着将客人往里屋揽。有时间在这儿发呆，定会忘记几里路外城市的纷扰，不妨肆意地放空心灵，沾染些闲暇的市井气。

漫步在十七房中，能感受到它融合了北方合院的大气，又浸染了南方楼榭的玲珑。一抬头是碧池莲叶印灰瓦，一转身是精巧盆景藏檐下。

郑氏十七房 昔日围墙 今日房客

盛晔 摄

中国渔村
品纯正海滨风情
读厚重渔民文化

浙江省宁波市象山县石浦镇

清晨的太阳在海平线上露出曙光，港口的渔民们在悠长的号角中扬帆出海，在潮起潮落中收获，在渔歌声声中归家团聚，这就是他们千百年来不变的生活写照。

中国是一个渔业大国，据考古学研究，我国渔业的出现，远在农耕文明以前。在漫长的岁月中，沿海渔民世世代代以海为伴，他们生产生活的习惯，海上作业的技术和经验，随着时光逐渐沉淀成一种具有传承性的"渔民文化"。象山中国渔村，就是这样一个以丰富的海洋资源和深厚的渔民文化内涵为特色的大型海滨休闲度假区。

在中国渔村，那些苍老的古船、陈旧的渔网、巨石铺成的"飓风广场"、鹅卵石砌出的防风墙、墙角竖立的祭年石、鳞次栉比的“渔楼”，立刻会将人带入渔民生活。或许，你会因为空气中那浓浓的鱼腥味而皱眉，然而这却是没有修饰过的海洋的味道。

这是一个让人大长见识的地方，一座座古老的渔业作坊，就像一间间教室，劳动人民在这里成为了传承者，让捕鱼这一门传承千年的古老技艺在这里代代流传。走进船作坊，会了解到一些日常修船的方法以及海上遇险的应对技能。在渔网作坊，工人一边娴熟地织网，一边还热心地传授着编织技巧，这手艺看似很简单，但亲自动手才发现，即使是一张渔网，其中也大有学问，而这只是千年流传的渔民文化中的一小部分而已。

从渔村大门的渔丰牌坊进入渔村后，谁也不会忽视那引人注目的、巨大的“中国渔村号”，这艘长81米、高41米的仿宋三桅古船，在蓝天碧海的映衬下，是中国渔村当之无愧的标志性建筑。走过去，就来到了中国渔村中最为辽阔亮丽的皇城沙滩。蔚蓝的天空下，大片的海滩坡度缓和，沙质细腻，真是无愧于“黄沙细如练绢”的美誉。

游玩沙滩，最合适的时机莫过于刚刚退潮之后，此时赤脚踩在这个天然足浴场上，磨磨脚板，感受脚底细腻滑润，颇有趣味。然而沙子覆盖下的地面却是坚如铁板，这时候就会明白，原来当地人称这里为“铁板沙”，果然是很有道理的。

吹着海风，挖挖沙子，捡捡贝壳，偶尔会邂逅几只出来散心的小螃蟹，感觉随着成长而逝去的童心恢复满满。坐上海边的摩天轮，在高空俯瞰眼前辽阔的大海，心胸也变得开阔起来。

当夜色降临，和身边人一起来到海边的烧烤场，品尝一下生猛海鲜的美味，邂逅一场豪华的篝火晚会，让平日里疲劳的心灵与肌体随着歌声放松下来，在这一刻，只释放率真与浪漫。

租一顶帐篷，仰望深蓝色的星空，看海上一轮明月升起，此情此景，如诗如画，宛如梦中，有情人也无须再嗟叹“海上生明月，天涯共此时”，因为，此刻已经在一起。就在海浪和海风的交响曲中进入梦乡吧，梦里或许会充满豪情地扬帆航海，撒网捕鱼。多姿多彩的渔民生活，在都市人的心中，一直是一个瑰丽而浪漫的梦。

中国渔村 品纯正海滨风情 读厚重渔民文化

石浦老街
“会呼吸”的渔港古街

浙江省宁波市象山县石浦镇

印象中的古镇该是古建筑交错密布，记忆里的老街当然青砖斑驳连绵……石浦，宁波境内的渔港古镇，依山傍海，自然而古朴；一条老街，一头连着宁静自守的山，一头连着流荡自如的海。山水间的老街，得山之沉稳，有海的从容，充盈着独特而闲淡的海韵渔情。

历史上明州（宁波）是“海上丝绸之路”的始发港之一，象山从北至南的200里航道，正是这条“海上丝绸之路”的黄金水道，而石浦就是海商文化的桥头堡，因渔而兴港，也因港而兴渔。

已有600多年历史的石浦渔港古镇，沿山而筑，人称“城在港畔，山在城中”。像石浦这样迄今还保持完好的临港古镇，据说在全国堪称“孤本”。而作为渔港第一古街的石浦老街就是古镇的精华，古镇所有的繁华秘密都细细地写在这里。石浦人世世代代以海为生，孕育出丰富而广博的渔文化和渔风情。尽管时代变迁，但徜徉在石浦老街中，依然可以体味到明清建筑的丝丝风貌和渔贾文化的浓浓气息，老街可谓古镇人民渔港生活的“活标本”。

步入老街，沿着青石铺就的台阶顺山势蜿蜒而上，仿佛走进了一幅古镇海港的“清明上河图”。明清鼎盛时，街道两侧密布着100余家店铺商号，山珍海味、南北奇货应有尽有。

繁华远去，风采不减。街道两旁原木色的建筑，与小巷里的砖石民居相映成趣，再配上螺壳花盆和黑瓦屋棚，独具江南海滨小镇的风韵。每隔50米左右有一座跨街而筑的防火防盗“封火门”，明清时代的传统石雕图腾及依稀可辨的各种店铺字号透露着古镇生活的蛛丝马迹，镌刻着小镇昔日的表情。源生钱庄的布局和账房先生的传统服饰、宏章绸庄里绸缎制作的“中国扣”、大皆春药店阁楼上垂下的送药吊篮，都是那样地引人怀想。如今，挂着“威震浙洋”牌匾的城楼外，港口里依旧停泊着密密麻麻的船舶；城楼上老人们在唱戏，城楼下几位老师傅在制作木船；青石板铺就的街道上，商贩们兜售着各种各样的海味干货……渔港先人留下的生活印迹历历在目，后代渔人们还在续写传奇。

这是一座会呼吸的古镇，散落在岛礁港湾、屋后庭前的海洋文化、渔文化，酿出了一种历经岁月弥香的韵味。

《阿拉旅游》杂志 提供

鸣鹤古镇
触摸岁月的痕迹

浙江省宁波市慈溪观海卫镇

千年古镇，物华天宝，作为历史文化名镇，这里当之无愧。小桥流水，粉墙黛瓦，漏窗小格，枕河人家，这里是江南水乡风情最好的注释。

鸣鹤，这个形成于公元8世纪末、至今已有上千年历史的古镇，人杰地灵，却不惹喧嚣，未受商业习染，安静地坐落在慈溪东部。曾有人这样称赞："鹤皋风景赛姑苏。"其实，如果它能表述，它可能并不同意这样的称赞，它会告诉人们，它并不想比较，以前如此，以后也一样，它从不羡慕喧嚣热闹的乌镇、西塘，只想在岁月流逝中，继续守护着自身的静谧韵味。

鸣鹤的韵味在于它是历史的见证者，漫游其中，会不自觉地想回眸，想探索，去了解那些在历史中曾经过往的人和事。

古镇代有人才出，鸣鹤之名人志士，以虞、叶两家望族为首。东汉末年至南朝，虞氏家族兴盛于此，建立了世界上第一座天文观测台——测天楼，虞氏家族杰出的天文学家虞喜，利用此天文台发现了"岁差"现象，举世皆惊。思想家、史学家虞太曾撰《晋书》，为史学的发展作出不可磨灭的贡献。初唐名臣虞世南以"德行、忠直、博学、文词、书翰"五绝享有盛名。

古镇以"鸣鹤"命名，也是源于虞氏家族。虞九皋，字鸣鹤，他是虞世南的重孙，颇具才华，曾高中进士，但英年早逝，镇上乡邻为纪念他和整个虞氏家族之荣耀，将此镇命名为"鸣鹤"，沿用至今。

至清朝康熙年间，叶氏一族崛起，他们当中有诗人、举人、进士，但最负盛名的还是商人。自明清开始，鸣鹤古镇成为中国国药业的发源地，叶氏药业遍布长三角，对全国的药业发展都起到极大的推动作用，因此有"国药人才集浙江，浙江首推鸣鹤场”之说。

人事随着岁月流转，朝代更替、随风而逝。今日走在鸣鹤，踏过那古朴雅致的青石板台阶，走进青苔遍布的巷道，沿着泛黄的弄堂墙壁前行，可以发现这里与商业化浓郁的古镇不同，大多数民居都没有重新修葺，时不时还可见断壁残垣，眼前所见的古老沧桑而真实。如果有兴致，可以试着叩响那带着铜锈的门环，可能许久也无人应答；推开一扇留有缝隙的小门，吱呀一声，宛如听见了岁月的叹息，或许是叹息繁华已逝，人去宅空。

其中最引人注目的，莫过于嘉庆十四年国药巨商叶心培之子叶赐凤所建的“二十四间走马楼”。这是一座极具江南特色的甬式四合院，七间二弄二十四间，历经二百余年，至今仍气势宏伟，雕琢精致的格子窗、如意形状的门臼，细节中流露着古朴淡雅的风韵。它的人字坡青瓦顶，饱受江南雨水侵袭，它那高大的马头山墙一任冬去春来，花开花落，浑身斑驳，依然伫立。

鸣鹤镇内河道纵横，数座拱桥经历了明、清、民国时期，至今横跨水面，依然坚固。由于古老，桥身的雕花图案已难以分辨，但桥柱的造型依然古朴典雅，憨态可掬的石象、气势雄伟的石狮，倒映水中，桥装饰了水，水衬托着桥，两者相宜，浑然天成。

鸣鹤古镇上，人们的生活是宁静悠闲的，如果有时间，驻留在此，融入其中，聆听附近金仙寺的晨钟暮鼓，垂钓，品茗，对弈，散步，触摸着一景一物所留下的岁月痕迹，开启一段复古的慢生活，一定会感觉，时光的脚步减缓了，心灵也会获得一份难得的安详恬淡。

岩头村
一部民国风情史

浙江省宁波市奉化溪口镇

岩头村地处天台山一脉，正中央是东西老街，沿溪而建。溪上一路怪石嶙峋，大块小块挤得满满当当。水流明明并不湍急，却硬是冲刷出了奔腾的味道。

对学者来说，岩头村是研究民国历史的“活化石”，大量民国时期的历史信息就隐藏在古村简洁而不失恢弘气势的深宅大院中。江南民居中十分罕见、非大家望族不能有的五马头墙在岩头村随处可见，可见其低调中的不平凡。

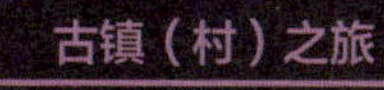

沿着岩头村的大路，首先看到的是现在的村委会办公地，也是当年国民政府参谋本部空军司令部副总司令毛邦初的故居。故居是两层单檐楼房，墙面被刷成红色，前后两进，虽然简洁，但从完整的结构中仍可见当年的风光。

沿着曲折的西街左突右拐，沿路不时有崇本堂、报本堂、钱潭庙等村里的公共建筑出现，若无标牌便极易迷路。四周零星散落着几座围墙高耸的院落，不知底细，唯有起伏不定的马头墙孤傲地立在当头，令人愈发不敢轻举妄动。走着走着，忽见一座房前立着显著的石碑，方知是到了传说中蒋介石发妻毛福梅的故居地。被红漆涂得遍体透亮的三合院楼房有种新旧相间的气派感，还有人留居，都是上了年纪、看上去仍相当硬朗的老人们。有婆婆从身边走过，又半路折回，友好地笑笑："笋很好的，要不要买？"不买也不恼，和风一样消失在门外，便领会到了由老屋传承而来的世故人情。

自清代初期始，岩头作为奉化西南山区民众北上溪口、宁波重要的中转水埠，渐渐形成了自己的商贸中心和物资集散地。虽然老街如今早就成了寻常的生活区，却依然保留着不少旧时商贸中心的影子。

屋檐下大多挂着当年店铺的招牌，几步一见，远望过去颇为壮观。年过八旬的徐老伯站在自家"永福布店"的招牌前，笑呵呵地同游人打招呼，身后老伴正在忙进忙出准备午饭。谈起老街旧事，老人的话匣子就收不住："这是我阿爷的店，最早从上海开起来的。后来东洋人不是进来打仗了吗，开不了了，马上回老家。生意好得很，上海洋气嘛。整条街都好，店多得来。”究竟当时有多少店同时开着，老街到底有多热闹？面对这个问题，徐老伯连用三个“交关”（非常）大大感叹了一番：“店多啊，噶是交关、交关、交关热闹，光卖肉的就有六七家。”说完觉得意犹未尽，又拿手对着远方比画：“就这个路上去，旁边一家家全是商店，加起来总共得有一里长吧！”围观的几位村人补充说，当年方圆数里的村庄内再也找不出第二个能和岩头东街规模相当的商业点了，各种货物运送几乎通通都要经过这儿，奉它为“奉化西南山区第一街”也不为过。

我们无法直接窥望到老人记忆中那鲜活的繁华盛世，幸好还可以凭留存下来的街景遥想当年。药房、打铁铺、豆腐店、米店、木作店、袜厂、咸货店、钱庄……名目繁多的招牌底下，曾经真实存在过这些囊括了民众生活方方面面的大店小铺。最有来头的当然要数现今街口处的“祥丰南货店”，由毛福梅父亲毛鼎和于民国初年所开。毛鼎和家底殷实，可谓当时岩头第一富商，同时拥有多处店铺。家中幼女与彼时还门当户对的蒋家定下了一段不知是福是祸的姻缘，引得后人无限唏嘘。还有蒋介石私塾先生毛思诚父亲所开的“顺昌小店”，门面已灰得看不清原本的颜色。街巷的拐角处另有毛思诚故居，厅堂灰尘齐舞，破败的墙面贴满了字迹难辨的中举捷报。虽然老旧，却也记录了那时些许的片断。

方家河头村
小桥 流水 人家

⊠ 浙江省宁波市慈溪龙山镇

《阿拉旅游》杂志 提供

对于喜欢追溯历史、感怀变迁的游者来说，那些远离城市繁华喧嚣的古村，更值得细细品味。

方家河头古村，就是这样一个散落在宁波山河湖海间的秀美之地，这里的生活节奏有如世外桃源般悠闲，点点滴滴，都是千百年岁月沧桑的沉淀。

走进方家河头古村，先了解一下历史，行走欣赏时也就别有兴味。根据记载，明嘉靖年间，方氏始祖章云从河南迁于此，想来是因为此处风水甚佳。从此子孙繁衍兴盛，名声鹊起，方姓逐渐成为河头大族。不过，方族人最初迁居，或许是为了建立一个世外桃源，以避尘世喧嚣，如今却成了热门的旅游景点。

河头古村的地势南高北低，背后群山层叠，东临达蓬山，南依翠屏山。沿着中间青石道路进村后不久，就看到一片方形的池塘，面积不大，清澈见底，当地人将此处唤作养藕塘，据说原先这池塘有荷花生长，可惜如今却再不见荷花盛开。

再往前，有一右拐进入的小弄，唤作水沟弄，大概是因为小弄边有一条小溪，溪水淙淙，长年不竭，滋养着村内人家。水沟弄甚短，却因为旁边皆是古色古香的老式住宅，而显得别有韵味。水沟弄与长街的交汇处，有一口小井，井虽不大，来历不小，据说该井建于明代，历史悠久，与魏洪桐井和邱王沙井一起，并列为慈溪三大古井。

一路行来，令人感觉舒心的是村内指示路牌都经过精心设计，显得整洁而详细。因为村内的古建筑之多，几乎可以说是“三步一洋房、五步一老宅”，光是大屋便有岭脚下大屋、鹤琴大屋、兰屿大屋等数座，无路走到哪一间，都能感受到一段凝固在砖瓦上的悠长时光。

在河头村保存至今的大量明清及民国时期的建筑中，清代宅院“刺史第”当属其中翘楚。刺史第，亦称前三房，整个建筑用材讲究，雕刻精美，是河头村古建筑中的精华所在，最值得驻足流连，品味细赏。

除此之外，益新门头、天一门头、八角门头、兰屿大屋、朝北门头、壁六房、方家洋房等建筑也依然留存着原始的风味，但也可以看出来，这些建筑现代化的痕迹逐渐增多，本身的原貌日益淡化，不免令人惋惜。无论如何，这些珍贵的历史遗留建筑，如能任其在岁月流淌中自然老去，可能才是最好的结局吧。

老屋林立，千百年来从未有孤独之感，这是因为有老树相伴。村外侧傅家塘的“三北第一樟”相传最早是在围筑傅家塘的时候栽种的，而傅家塘的围筑则要追溯到五代之际的吴越国时期，算来确有上千年。这枝繁叶茂、亭亭如盖的千年古樟，堪称是见证历史的“活化石”。

走进河头村东南的兰屿，宛如置身山水画中，美景赏之不尽。相传此地原名香园，当年秦始皇上会稽山祭大禹，登达蓬，巡至灵绪山，见该地秀色迷人，便以心爱妃子之名命之，“兰屿”之名便沿用至今。

这里有数百年树龄的银杏树，掩映着清式民居，给人一种浑然一体的融洽感，于是马致远的名句“枯藤老树昏鸦，小桥流水人家”的景致以一种非常自然的姿态浮现在眼前……

屿桥之下的香溪，终年流水不断，滋养着苍生。踏足茶马古道，遥想当年，这里曾是三北平原到慈城的交通要道，如今历代行路者已随风而逝，而道路犹在无声诉说岁月变迁。忘却尘嚣，在绿意的包裹中，感受静谧的古朴之意，这正是贯穿整个游览方家河头古村过程的一种心灵体验。

李家坑村 动静皆宜 纯正的山居村落野趣

⊠ 浙江省宁波市鄞州区章水镇

这是个名副其实的山村，藏在四明山腹地的山水佳处，周围都被大山拥抱，如同群峰争相护围的宠儿。潺潺不绝的动态溪水，与静谧安详的山村为伴，千年的岁月，就在这种动与静的平衡中悄然滑过。

“明月松间照，清泉石上流。”王维的《山居秋暝》，写出了这个村子的美。走进曲溪环绕的李家坑，看古树依屋，炊烟袅袅，脑海中浮现的是“暧暧远人村，依依墟里烟。狗吠深巷中，鸡鸣桑树颠”的诗句，一派山村田园风情……

李家坑村是有来历的，此处原叫李家畅。建村始祖是李龚荐，据传乃是唐太宗第38代后裔，自明朝天启年间开始，以河南洛阳为起点，一路做官直到浙江永康，因见李家坑山环水绕，景色秀丽，即在此建舍发族，算来已有380多年历史。

由于僻处深山，相对封闭，家族的历史传承、文化积淀、生活记忆都在这个村落中保存得比较完好，时至今日，你都可以轻易地在这里找到纯正浓郁的山居文化。

遍布村落的，是保留至今的众多明清及民国时期古民居。屋与屋之间是高耸的马头墙，它们斑驳陈旧，却风韵犹存。值得注意的是台门上镶嵌的砖雕门匾，字迹依旧清晰，“环溪楼”“与鹿游”“凤跃鱼游”“水云居”“凤竹鹤松”，这些屋宇的命名，散发出文化馨香，如此贴切地点出了整个山村的环境，轻轻诵读，能够感受到一种超然化外的隐逸之气。站在这样的山间院落，仰起头就能看见天穹和周围的群山，联想起的，是中国山水画卷的留白之美，令人遐思无限，浮想联翩……

悠久的历史，往往有古树见证。村北的四明桥边，便有一棵根深叶茂的古榧树，据传已有四百多年历史。树足有十米多高，树冠亭亭如盖，覆盖路面，树下鲜花繁茂，红花绿叶，相映成辉。

树古老，人长寿，李家坑村在2015年位列宁波市首批长寿村之一，现有居民中长寿老者占了三分之一。于是，有人便试图求索李家坑人长寿的秘诀，老人们都笑而不语。

长寿的秘诀？其实就在眼前，巍峨的青山守护，清澈的溪水为伴，呼吸的是清新空气，欣赏的是美丽村景，还有日出而起、日落而息的规律生活，绿色健康的饮食，以及与世无争、平静安闲的心态。

“溪声常在耳，山色不离门”，是李家坑村生活最佳的注释，这里没有沉重的功利，只有属于山居村落的诗情画意、质朴真实、悠闲安宁。循着炊烟走在青石铺成的小路上，寻一所古老民居，坐在清凉的竹椅上，围着圆桌尝一尝用当地的土鸡、溪鱼、蔬菜烹饪的农家菜，有一种单纯的快乐和满足感。

【休闲之旅】

寻一个阳光正好的天，不必刻意准备，随意寻一处落脚，便能享受悠长的时光。

若是喜欢海的波澜，便去杭州湾跨海大桥的海天一洲。绵延近36公里的跨海大桥似长虹卧波，横架于东海之上。极目远眺，波光粼粼的海面壮丽开阔，海水远接天际仿若无边；或是前往松兰山海滨旅游度假区。区内山岛罗列，沙滩相连。沿着曲折绵长的海岸线漫步，既可沐浴海风、嬉水蹈浪，也可荒岛探险、岩峰垂钓。

若是喜欢湖的静谧，便去绿树修竹相映的九龙湖。北侧的九龙山似卧龙伏地，东北的达蓬山则汇集了千年的灵气，传说自此出发航海便可到达蓬莱仙境。或是骑行于烟波浩渺的东钱湖畔，看逶迤绮丽的青山环抱中静卧的这汪碧水，用她的温柔记录着历史的渺渺烟尘；再听那天童禅寺梵钟的声声鸣响，诉说着范蠡和西施伏牛山下的爱情传说。

若是只愿懒洋洋地躺着，也可泡在宁海森林温泉的汤池中，在天明山的幽谷中品一杯温润的姜茶，就这么让时光静静流淌。

扫码进入移动端阅读

海天一洲
海上生明珠 天涯共此时

☒ 浙江省宁波市杭州湾跨海大桥南航道桥以南

海天一洲 海上生明珠 天涯共此时

“望海听潮观大桥”，过杭州湾跨海大桥，岂能错过海天一洲？这里原本是一个功能性平台，在大桥建设期间，用于工程测量、应急救援和物资堆放。随着大桥正式建成、运营通车，此处作为救援平台，具备大桥监控维护、抢险救生等功能，不但成为海上交通的服务保障，同时也成就了一个绝佳的旅游海上休闲景区。

海天一洲的建筑以白色和蓝色作为主调，观光塔犹如一枚定海神针矗立海上，整体建筑形如大鹏展翅欲飞，口衔璀璨明珠，这应是寄托着整个长江三角洲区域经济高速发展、蒸蒸日上的美好愿景。

进入海天一洲观光廊，站在120米高处望远，豪情顿生。透过海滨观光廊内的全景落地玻璃来看跨海大桥，宛如跨海玉龙，气势恢弘，在此俯瞰杭州湾，水面或是波涛万顷，或是波光粼粼，不同时刻、不同天气的海景变幻都能尽收眼底，令人沉醉。当然，在海天一洲观景，最美是黄昏，此时落日西斜，海天共色，白帆与燕鸥共舞，如同一幅诗意浓浓的油画。

等到夜幕降临时，又是一番完全不同的新奇，桥上灯光闪耀，直如彩虹坠入凡间，又似银龙遨游于海面，流光溢彩，亦梦亦真。

海上生明月，天涯共此时。置身海天一洲的全海景精品客房，与杭州湾的明月和海涛一同呼吸，能让自己疲惫的身心得以放松，眼光得以开阔，见闻得以增长，人生也会因此丰富多彩。年长者想要的怡然悠闲，年轻人想要的豪情浪漫，孩子们追逐的新奇趣味，皆能在此圆满收获。旅行，不就是为了追求这样一种有价值的体验吗？

宁海温泉
青山绿水为伴
感受温泉水轻抚

✉ 浙江省宁波市宁海县深甽镇南溪村

每当开启关于宁海森林温泉的记忆，不只有温泉的暖意，更有森林环绕的自然绝佳美景，而那来自天然氧吧的沁人心脾更是令人怀念，一想起就会让人有深呼吸的念想。

宁海森林温泉，俗称天明山南溪温泉，源自1964年郭沫若先生的亲笔题词“天明山南溪温泉”。国画大师潘天寿也以诗为赞：“温泉新水宜清浴，爱看秋花艳满山。”由此可见，此处温泉结合了山间之美景，带来的是身心与视觉的双重享受。

晴天自不待言，置身舒适的温泉里，仰望蓝天白云，心花盛开，生命仿佛得到舒展。即使是雨雪天气，也别有风味。雨天在此，有“山色空濛雨亦奇”的诗情画意可品，意境甚佳。雪天在此，置身温暖水池，抿一口老酒，倾听雪落大地，天地

宁海温泉 青山绿水为伴 感受温泉水轻抚

宁海温泉 青山绿水为伴 感受温泉水轻抚

宁海旅游 摄

寒气集聚，身子却温暖如春，真是妙不可言。

此处温泉水呈弱碱性，主要含氡，兼有氟、钾、镁、钠等多种元素，泡完后可以明显感受到皮肤光滑度和滋润度提升。不过，倘若仅能提供“温泉水滑洗凝脂”的乐趣，又怎能担得起“华东第一森林温泉”之美誉？作为中国三大老牌温泉之一，想来也自然另有吸引人的地方。事实上，抛开温泉特色不论，此处是国家级森林公园，被天台山和四明山环抱，单论风景也一等一的好，空气中含大量负离子，形成超级天然“大氧谷”。

秋冬寒冷之际，泡温泉自然暖心暖身，即使炎热夏季，如能机缘巧合来到此地，同样不虚此行。此处群峰环绕，峡谷幽长，近万亩阔叶乔木遮天蔽日，夏季温度比之杭州、宁波至少低3℃~5℃，也不失为避暑的胜地。

温泉洗毕，收拾身心，漫游山间，沿着造型优美、形态古朴的普济桥漫步，看一看传说中的仙人踪迹，欣赏一下剑门那两块岩壁对峙如剑的丰姿，然后是羊祜洞怀古，猴峰亭登高，最后再到映天池划船，感受“船行明镜中，鸟度画屏间”之真趣，时间，就这样在满足和惬意中飞逝了，带来的却是心灵的充实。

松兰山海滨
享受珍贵的休闲度假慢时光

✉ 浙江省宁波市象山县

松兰山，一个诗情画意的名字，让人情不自禁地想要探究它的美。它是天台山由西向东奔入大海的余脉，位置就在海滩边上。大自然的造化，使它形成了曲折蜿蜒的港湾，以及风光秀丽的岛礁、岬角、沙滩。能与美丽的大海为邻，它很幸运，能和松兰山亲密接触的人，也很幸运。在蓝天白云下，沿着漫长的海岸线漫步，呼吸着清爽的空气，沿岸礁石林立，滨海风光，看之不尽。在这里享受一种休闲度假的慢生活，亦是收获一段生命中不可多得的珍贵时光。

松兰山海滨的美，以沙滩为贵。六片沙滩，南北首尾相连，穿成一线，总长五公里，说它是华东地区最大的陆岸沙滩，的确是实至名归。

这些沙滩大小不一，各有特色。“潮来一排雪，潮去一片金。”海浪来时，卷起千堆雪，潮水退却，阳光下的沙滩，会呈现出条条美丽的波纹，犹如凝固的波浪。光着脚走，你会发现，踩上去的感觉也各有千秋。这里的沙质，细腻纯净，金黄的细沙软如青苔，不会沾鞋，也不陷脚，只留下个浅浅的脚印，告诉后来者，你曾经来过这里。走累了停下来躺一会，享受着温柔海浪的轻吻和安抚，让海风吹走心中的焦虑，让涛声缓解压力，回归安宁与平静，度假的意义或许就在于此……

海岸线很长，无穷无尽地仿佛找不到尽头。开车驶离东沙滩，一路缓缓往东，一边是碧绿的青山，一边是开阔美丽的海景，每一个路口都有不一样的风景。向海面远眺，岛礁若隐若现，三三两两的渔船，扬帆海上，宛如画中的景色，令人神往。然而，美丽的自然风光，并不是松兰山海岸带给人的唯一印象，沿着曲折绵延的海岸线一路而去，寻访到的，是属于历史文化的厚重内涵。拥有六千年历史的塔山文化遗迹，足以引发对遥远的史前社会的遐想。踏上明代戚家军的抗倭烽火台遗址，与高大威严的名将戚继光塑像并肩一起，面朝大海，回顾曾经守护国土、拒敌千里的豪情壮志，颇有“俱怀逸兴壮思飞”之感。当然，还有白沙湾赵五娘千里寻夫，锯门老龙招亲等传说，山海风光果然是要和这些历史典故、民俗故事结合起来，才会显得更富有生命力。

松兰山的太极湾是一个蕴涵独特道教文化的地方。太极之名从何而来呢？如果从空中鸟瞰，便会一目了然，最吸引人眼球的是一座由大到小、形状如鱼的山梁，紧贴山梁的是一条S形曲线山路，两者构成了一个圆形图案，跟道教文化的阴阳太极图极其相似。这是大自然造物时无意的巧合导致，还是有意的精心雕琢？不管是哪一种原因，走一遍太极湾，在内心描摹一下太极湾的形状的话，一定会忍不住感叹大自然鬼斧神工之绝妙。

比起岩峰垂钓、野外露营，狩猎的天然野趣是无可替代的。松兰山海滨区域有九座荒芜的小岛，千百年来，杳无人烟，野生动植物资源丰富，随处可见出没于草丛中的野兔、山鸡、獐子等小兽。其中，羊屿山岛是华东地区首家批准可以持枪狩猎的“海上狩猎场”，在经验丰富的狩猎教练指导下，背上猎枪出发，让忠实的猎狗充当先锋，英姿飒爽，意气风发。

青翠的山，碧蓝的海，细腻的白沙滩，浪漫的海岸线，松兰山是一卷唯美的山水画。厚重悠久的历史人文，绵延千年的民间传说，松兰山，也是一卷内涵丰富的故事书。在松兰山度假的慢时光，有书，有画，有心情，想来也足矣。

九龙湖
青山环抱 碧水养心

⊠浙江省宁波市镇海区西北河头乡境内

“九龙盘青山，松竹映碧波。”在宁波市镇海区，九龙湖犹如一面银镜镶嵌在这块土地上。从空中鸟瞰，九龙湖中有九个形态各异、大小不同的岛屿和半岛，宛如水中明珠，星罗棋布地点缀在湖面上，九座岛，宛如九条巨龙从四面八方直伸湖中，九龙湖之名，正是由此而来。

走过一座高大的石牌坊式的迎宾门，沿坡而上，九龙湖山水画面就呈现在眼前：四周青山怀抱，眼前层峦叠嶂，湖上烟波浩渺……只消走得几步，就会有一种奇妙的感受——刚才还在欣赏山水画，一转眼自己已经是画中人了。

来到湖的东南岸，可以到达一个神奇的溶洞，名为“龙铃洞”，洞中有洞，宛如迷宫一般互相连通，迂回曲折，纵横交错。在洞中游玩，会有这样一种惊喜：总以为山重水复，疑心无路之际，轻轻一转弯，眼前却是柳暗花明，别有洞天。这种奇妙的体验，会让人联想起人生的经历，也往往是曲折之后能够迎来顺畅的坦途，天地众生之间的道理果然暗相契合。

湖畔有游船可搭乘，这是前往湖心猴岛的。这里野生猴群生活得比较自由，矫健地在树林间攀爬，跳跃嬉戏，倘若带着香蕉之类的水果，很可能被它们轻巧地偷走。美食一旦到手，三下五除二就吃完了，防不胜防，令人莞尔。这些聪明的猴子，尽管已被驯化，但依然继承了它们祖先爱模仿的特点，你笑它也笑，让人想起《过猴山》的传统故事。倘若手上也有一堆草帽，真想和它们演绎一番故事中的情节呢。

“问渠那得清如

《阿拉旅游》杂志 提供

许，为有源头活水来。”九龙源是九龙湖水之源头，由“一迹、二池、三石、四瀑”等十余个景点组成，危岩、奇石、竹海、古树、叠瀑互相争辉，风景绝美，难怪被誉为宁波的香格里拉，而人们想象中的世外桃源之美景，大概也就是如此吧！

沿着石阶一路上行，天龙瀑、双龙瀑、玲珑瀑、雪龙瀑，四帘叠瀑，有奔腾而下的激流，也有静谧流淌的涓涓细水。再往前登上堤坝，首先见到的是碧波清澈的下瑶池，水面如镜，光可鉴人，池边的茂密绿竹倒影入水，形成了一个上下连接的镜像世界，让人难分真幻。沿着池边的小径，穿过竹林，当眼前开阔的时候，就看到了上瑶池，同样清澈见底，只是颜色更为幽碧，令人观之微觉寒意。

在水边的长廊坐下小憩片刻，山风拂过，水面微动，此时竟想起了柳宗元《小石潭记》中的句子：“坐潭上，四面竹树环合，寂寥无人，凄神寒骨，悄怆幽邃。”此情此景，何其相似，于是只好“以其境过清，不可久居，乃记之而去”。

达蓬山
千年仙佛缘 一颗童真心

浙江省宁波市慈溪市龙山镇

“山不在高，有仙则名。”位于慈溪市东南部的达蓬山，传说是秦朝著名方士徐福东渡的起始地。

公元前210年，秦始皇出巡东游至浙东香山，登山远眺，浩瀚东海尽收眼底，水天一色，风光秀美，宛如仙境一般。此刻他或许在想：江山如此多娇，如能守住万世之基业，长生不老，岂不是好？于是便派遣方士徐福率领童男童女数千人自此处出海，寻访传说中的蓬莱仙境，求取长生不老之术。浙东香山，也因此更名达蓬山。“达蓬”之名，其寓意不言自明，寄托着从这里出发可以航海到达仙境蓬莱的愿望。

蓬莱仙境终究未寻得，但徐福却因此成为中国史料记载中的第一位航海家。相传他曾先后到达日、韩等地，客观上成为了伟大的文化经济使者。达蓬山，也因此拥有了著名的历史文化遗迹——徐福东渡遗址。

今天，在前往达蓬山旅游区的路上，到处可看到巨大的横幅宣传语“世界的徐福”。

站在达蓬山下，遥望重峦叠嶂、林木葱郁，不禁思索，那数千年前瑰丽的寻仙传说，是否真正在此发生过？这一点即使学问最广博的历史学家，恐怕也无法言之凿凿地保证。

沿着盘旋蜿蜒的山路上行，约七八公里，便抵达仙佛谷景区。步入景区后，走过一段800米的石板游步道，便可寻访浙东名刹——佛迹寺。相传唐天宝元年（742年），云游僧人达慧在此发现荒芜多年的佛迹洞，内有观音佛脚印一个，僧人引为佛之真迹，遂在此兴建寺院。达蓬山上的脚印为右脚印，与普陀山的左脚印遥相吻合，因此坊间也有"要去普陀山，先到达蓬山"之说。

如今的佛迹寺，是在原遗址上重建的，它沿用了唐代风格的全木结构，建筑宏伟壮丽，寺院环境幽静。佛迹寺缘起于流传至今的千年佛迹之传说，这依然可以说是虔诚信徒们的信仰寄托。由此可见，佛教虽然并非起源于中国，但对中国文化的影响相当深远。

出佛迹寺之后往前就可以到达徐福文化园。外广场的巨大八卦图案颇具气势，也昭示着徐福的方士身份，高大的徐福塑像，形象化地展示了一个意气风发、勇往直前的航海家形象。

徐福文化园由祈求坛、祈福阁、秦渡庵、徐福宫和秦皇别苑等组成，其中最具价值的自然是唯一保留至今的纪念徐福东渡的历史古迹——摩崖石刻，据说这是宋元时期人们为了缅怀徐福东渡而雕刻的。尽管年代久远，石刻已显得模糊，但古朴生动的画风，仍然传递出浓厚的吉祥意味。细想之下，人们对徐福的爱戴之心，其实正是源自内心对理想世界的追求。它代代流传，在人们心里珍藏。

徐福东渡，勇气可嘉，但世界广阔，受限于航海技术之局限，仅到达日韩等地，未能一窥世界之全貌。或许是出于这一联想性的构思，达蓬山下的窖湖湖畔，建造了一个“80天环游地球”世界自然人文主题乐园，仿造了各种人文景观和自然景观。

进入乐园，首先可以敲响祈福大鼓，对未来许下美好祝愿，然后与新加坡独有的雕塑鱼尾狮像一起在池边戏水，和栩栩如生、威风凛凛的秦始皇兵马俑亲密合影。

接着一路前行，吴哥遗迹、伦敦大本钟、自由女神像、巴黎凯旋门、埃及金字塔和狮身人面像、古罗马角斗场、雅典卫城、复活节岛石人像，还有浪漫唯美的爱琴海、深邃神秘的巴西雨林，会一一映入眼帘。尽管这些都是微缩版的建筑和景观，但依然具有或优雅庄严，或宏伟神圣的视觉效果，让人印象深刻。

踏遍世界历史的遗迹，梳理文明的脉络，让时间与距离在脚步中浓缩，一天之内完成环球旅行，世界各地梦幻般的人文魅力皆在心底回荡。

经过一天游览之后的最好选择，莫过于入住山下的达蓬山温泉园林私墅放松身心。古朴典雅的别墅，隐而不喧的“秘汤”温泉池群，带来私密幽静的心灵享受。静静地泡在温暖芬芳的池中，氤氲的水汽和清新的花香相伴，感觉整个人已融入一种深邃融洽的意境中，仙佛之梦想，游乐之童心，在此刻交织融汇，成为了一段美妙的人生经历。

东钱湖
幸福水岸休闲生活

浙江省宁波市鄞州区东钱湖镇安石路777号

智者乐水，仁者乐山。一个“乐”字道出了山行看水、水行看山、“跋山涉水”的无穷妙趣。位于宁波东南隅的东钱湖国家旅游度假区，青山掩映，碧水环绕，上下两千年，涓涓滋养着古今宁波，润泽了四明大地，孕育出灵性的明州人，是宁波一片幸福的后花园，休闲的新天地。

东钱湖为浙江第一大淡水湖，又名万金湖，“藏风聚气，得水之上”，与青山平原相依，烟波浩淼风景秀丽，被郭沫若先生誉为“西子风韵，太湖气魄”。

湖内有小普陀山、陶公岛、二灵夕照等景点，山间有云雾千重的福泉山景区、佛教禅宗名刹的天童寺等，湖畔还建有南宋石刻公园、小隐上水国际房车度假基地等。

转得过去的湖，绕不过去的景，东钱湖是自然天成的户外活动天堂。沿着水岸，总有无数种方式，认识多变的东钱湖。激情、理想和坚持都汇聚在这里，追求快乐是这里从古至今最诗意的生活方式。

春夏秋冬，无论舟行车驰还是徒步骑行，都能欣赏到美妙的湖光山色，获得无比的身心愉悦。东钱湖是骑单车和自驾兜风不可多得的宝地，专业的骑行车道、遍布的单车驿站以及东钱湖的无限风光，山水轮下过，旅途乐无穷。

游船、帆船、皮划艇是东钱湖上最常见的游览和休闲方式。海岸线皮划艇俱乐部常驻东钱湖，经常开展水上嘉年华、全球休闲皮划艇大赛、皮划艇文化节等各种别开生面的活动。

相较于此，徒步在东钱湖也是零距离亲近自然、放松解压的绝佳途径。环绕着东钱湖的健身步道都经过了安全性、准确性的反复校准，风景各异，韵味始终。

如果想玩点惊险刺激的，可以在东钱湖的彩弹中心体验一番枪林弹雨的“厮杀”。当然，在湖边打打高尔夫，挥杆进洞也可以玩得酣畅淋漓。启新绿色世界高尔夫俱乐部三面环山一面濒水，场内天然池塘星罗棋布，山水相依，处处有景，洞洞生趣。玩累了，便在陶公岛设下一炉，用烧烤慰劳自己。入夜了，还可以露营，和爱人一起看露天汽车电影，让浪漫溢满整个帐篷。

一面湖、一座山、一条路、一段情，可以演绎出无数种快乐的方式。来到东钱湖，你就会发现，这里的风是柔柔的，水是清清的，人也是纯真朴实的，“风水宝地”真确无疑。

东钱湖 提供

东钱湖 提供

【主题公园之旅】

中国人对玉石的喜爱早已融入了生活的每一道隙缝，玉不仅代表着“石之美者”，更可形容世间的万般美物。但在中国，以玉为特色的主题公园却并不多见。宁波的天下玉苑可谓是寥寥中的集大成者，其位于山水秀丽处，山色湖光两相映衬，亭台楼榭错落有致，仿若雕栏玉砌犹在的江南缩影。

在宁波，依山傍水的主题公园不在少数。雅戈尔动物园地处东钱湖旅游度假区内，是“中国水域面积最大的野生动物园”，游客可行舟水上观赏沿岸的可爱生灵；东钱湖水上乐园更是依托自然湖泊风光，春可赏花，夏可戏水，秋可赏灯，冬季则能尽情游玩陆地项目。

即便离开了自然的渲染，宁波人巧手建造的诸多主题公园亦创造了诸多国内乃至亚洲纪录。拥有全国独一无二的三种（跃层式、180度、270度）海底观光隧道组合的宁波海洋世界，拥有亚洲回环最多的八回环云霄飞车的凤凰山海港乐园，以及国内最大的室内恒温水世界杭州湾海皮岛，都不失为节假日游玩的好去处。

扫码进入移动端阅读

天下玉苑
玉的精品世界 佛教艺术圣地

浙江省宁波市余姚大隐镇

"谦谦君子，温润如玉。"中国人不但把玉看作是天地精气的结晶，而且把玉本身具备的自然特性比附于人的道德品质，加以崇尚歌颂。玉是东方精神生动的物化体现，玉文化是中国传统文化精髓的物质根基。

佛教文化，源自古印度，传入中国之后，与儒家文化和道教文化融合发展，成为中华传统文化的重要组成部分，它不仅影响着人们的思想意识、生活习俗等方面，更渗透到文学艺术、天文地理等领域，成为旅游资源的重要组成部分。

佛教文化和玉文化的发展在一定程度上存在着关联性。在宁波古镇大隐境内，在山峦叠翠、溪流潺潺的九龙山中，就有这样一个地方，它以玉文化和佛教文化为载体，融山水灵气、玉雕精品、人文胜迹于一体，它就是有"新千年江南第一景"之称的天下玉苑，也曾被誉为"华夏瑰宝""亚洲一绝"。此外，它还获评大世界基尼斯之最：规模最大的玉雕主题公园。

在这里，玉佛的数量、品质和重量都是国内外首屈一指的，当然，最值得赞赏的还是这些玉佛的工艺水平。所谓玉不琢不成器，要知道玉石的价值很大程度取决于工艺雕刻水平，在这里，你可以看到各种世界级艺术水准的玉雕，它们造型精巧，气势宏大，形象生动，让人忍不住在心里赞叹，原来所谓的鬼斧神工，真的是存在于这人世间。

走进宏伟壮观的玉苑门楼，立即会感觉自己来到了一个玉的精品世界。湖水中央小岛上的巨大黄色玉石，是"玉中之王"，价值连城；矗立在山间云海中的是七层“玉佛塔”，登顶远眺，视野开阔，景区全貌尽收眼底，精神也为之一振；来到塔底，可以看到堪称镇塔之宝的千手千眼观世音菩萨像，用岫玉中最高档的河磨玉雕刻而成，塑像仪态优雅，造型精美绝伦，令人油然而生敬仰虔诚之心。

当然，欣赏真正的世界奇观，还是要去天下玉苑的主景——西隐禅寺，这是世界上第一座佛像全部用玉石雕成的寺院，建筑仿造古代宫殿，气势之磅礴，震撼人心。这里的玉，如果用一个字来形容，那就是大。天王殿的照壁是世界上最大的九龙玉壁，重达5.9吨，九条玉龙形态各异，呈灵动之势，直欲破壁而去。再看所供奉的20余尊玉佛，全部采用岫岩花玉雕刻，其中最大的是大雄宝殿内的释迦牟尼和东方、西方三圣玉佛，分别重21吨、27.7吨、46.6吨。玉的坚贞、高尚和佛像的庄重融为一体，高大庄严的整体造型和精致入微的细节完美结合，实在是让人大开眼界。

玉文化与佛教文化水乳交融，无限内涵蕴藏其中，真可以说是天下美玉，玉苑为先。但来到这里后，游览的感受却是因人而异。外行看热闹，绚丽多姿、晶莹剔透的玉器展品，看得人目不暇接，是一种视觉上的满足。内行看门道，欣赏这些国宝级珍品所展现的雕刻工艺，观察一下大师们如何在中国传统技法的基础上创新，心中自有感悟。无论外行内行，沉浸在这个玉的精品的世界，时间悄然流逝而不自知，这想必就是艺术所带来的美妙享受吧。

雅戈尔动物园 爱动物就是爱自己

✉浙江省宁波市鄞州区东钱湖旅游度假区鄞县大道旁

很难想象，地球上如果没有动物，人类将何等的孤独。人和动物友好相处，是大自然平衡谐美的前提，我们需要了解动物，尊重它们。在具有“西子风韵，太湖气魄”的东钱湖旅游度假区内，就有这么一片充满野生动物灵气的绿洲——雅戈尔动物园，它是一个近万只动物组成的温馨大家庭，其中生活着来自全球的180余种珍稀动物，有中国国宝大熊猫、金丝猴、金毛羚牛，有非洲的长颈鹿、犀牛，有澳洲的灰大袋鼠、赤大袋鼠、白袋鼠，有美洲的火烈鸟、斑狐猴、节尾狐猴，有欧洲的棕熊……

作为“中国水域面积最大的野生动物园”，雅戈尔动物园有着得天独厚的地理优势，于是国内动物园第一条水上观赏动物游线，就这样应运而生。乘上游船，悠然划桨，泛舟在清澈的湖面，看看两岸那些散养的动物伙伴，它们或是慵懒地憩息，或是自由地觅食，也有和小伙伴追逐嬉戏的，它们也和你一样，在尽情地呼吸大自然美妙的芬芳，悠闲地享受大自然如画的胜景。

游遍整个动物园，你也许会觉得动物和人类很相似。霸气外露的黑天鹅，在梳理羽毛时的姿态，犹如一位气质优雅的美女，但是在和白天鹅争夺食物时也会气急败坏，风度尽失。国宝大熊猫慢条斯理地啃完竹子，就在那里躺下来静静地思考，生活中你一定见过这样的慢性子。在动物表演的场地，鹦鹉十年如一日地朝着相声演员的目标挺进，海狮依然与球类运动有着难舍难分的缘分，笨拙的黑熊居然也能用高难度动作骑自行车，就连森林之王东北虎，在惊人的空中飞跃之后，也宛如走台的模特一般，摆出各种向人们示好的造型。

房子是安全感的基石，住得好不好直接影响到生活质量。在雅戈尔动物园，近万只动物都有别具特色的温馨的“家”，是不是豪宅，并不是那么重要，适合自己才是最好的。非洲的三色犬，居住在土著风格造型的馆舍；凶猛的鳄鱼，有宽阔的水中长廊，放情悠游；开屏绽放无限美丽的孔雀，往往让人联想起少数民族风情，于是它住在傣族风格的竹楼中。看来，自然和谐，各得其所，真是动物园的主基调啊。

随着时间的推移、地球气候环境的变化，不少动物种类已经消失，只存在历史文明的记录中，目前依然还生活在地球上的动物朋友们可以说是弥足珍贵。近距离看看它们的风采，真切地了解它们的喜怒哀乐、生活习惯，或许你会感觉：原来动物朋友们是如此亲切可爱，爱护它们，就是爱护我们人类自己。

东钱湖水上乐园
刺激新奇的清凉消暑之地

✉ 浙江省宁波市东钱湖旅游度假区环湖南路333号

炎炎夏日，何以消暑？不如从头到脚彻底享受一次水的洗礼吧。东钱湖水上乐园，妙就妙在它位于美丽的东钱湖畔，在戏水冲浪、欢呼刺激的同时，还能够饱览迷人的湖光水色，你发现，原来夏日也可以如此魅力十足。

如果仅仅和水亲密接触，游泳池就足够满足需求了，真正欢乐与清凉兼备的水世界，一定是结合了动感十足、惊险刺激，同时又焕发出浪漫气息的诸多项目。走进东钱湖水上乐园，冲浪、漂流、水寨水城滑道还有“超级大喇叭”等新鲜玩意简直让人惊异！此刻的感觉是：自己好像是一尾离水已久的鱼，如此急切地想要投入水的怀抱，让身心享受彻底的放松。

玩水上乐园，如果不享受一下巨浪冲击的乐趣，那简直是白来了。东钱湖水上乐园的激情冲浪区面积接近一万平方米，冠绝全国，一米多高的大浪，超长的造浪时间，一波还未平息，一波又来侵袭，一次次被水浪掀起，令人感到心花怒放，酣畅淋漓。

过足冲浪瘾，还有“超级大喇叭”在前方等候，这又是国内最大的刺激和惊险的制造机之一。四叶草型浮圈是经过特别设计的，当它开始急速滑行时，感觉就好像已经置身于海上风暴之中了，从二十多米高处滑行下来，前方赫然出现巨大的喇叭口，还来不及后悔，它就已经张开大嘴，释放出强大吸力。这时候，你就如离弦之箭一般，无法自控被吸进去了，这一刻不妨尽情惊呼，叫得越响越好，大喇叭会把你的声音加倍放大，扩散到整个乐园，这种新奇的体验，经历过就终身难忘。

如果说“超级大喇叭”像龙卷风，那么，荣获“全球最佳新水上游乐设备”奖项的“超级巨兽碗”

就像黑洞了，它同样具备令人难以置信的魔力。一开始在紫水晶通道俯冲穿越，不过只是开胃菜，真正的大餐放在一个宛如海上漩涡般的巨碗里，它会不由分说地把你吸进去，恐怕唯一来得及做的就是大声喊叫了。尖叫声还未停歇，就会发现自己已经安全到达了碧波荡漾的池水中，这一刻自己变成了成功穿越黑洞的勇士，成就感十足。

过山车的刺激，再加上水的冲洗，感觉又会是如何呢？置身五颜六色的彩虹滑道，一路下滑，让清凉的水珠不断冲刷自己，这种洗脸的方式恐怕也是非常新奇。不过要真正体验“大起大落”的感觉，还是得去“深海迷旋”，多重弯道，加上陡峭的斜坡，虽然说绝无凶险，但玩这个还真是需要一点儿勇气。一路急速下滑，心跳加速，神经绷紧，有了这样的铺垫之后，在冲到终点的那一刻，一下子放松了的感觉实在畅快无比。

理想的水上乐园，应该是可以为全家提供乐趣的，怎么能缺少孩子们的欢笑？孩子们天生爱水，但可能他们更喜欢“精灵水城”这样的水上童话王国，造型生动可爱的雨蘑菇、苹果屋、彩虹门、水风车、蜗牛号，会喷水的向日葵、积木、巨嘴兽，一切都充满了童趣，拿着水枪追逐嬉戏，不仅孩子们乐不可支，就算是成年人看到，一样也会童心满满，不由自主地参与其中。

东钱湖水上乐园是清凉的，也充满了激情四射的欢乐。来这里体验一场集动感、娱乐、休闲、惊险于一体的水上之旅，真的不虚此行。

东钱湖水上乐园 刺激新奇的清凉消暑之地

东钱湖 提供

罗蒙环球乐园
世界级欢乐航母

⊠浙江省宁波市鄞州区鄞州大道中段1099号

也许，每个人心里都有一个童话梦。在那里，有美丽的城堡，有欢乐的广场，充满着动感和色彩，氤氲着梦幻与奇妙。位于宁波南部新城的罗蒙环球乐园是世界最大的都市型室内主题乐园，由一座挑高57.4米的巨蛋型室内乐园和室外传奇岛组成，螺旋状的半圆形透明屋顶、形状各异的假山巨石、各具风情的异域建筑、大大小小的彩色城堡、像是住了美女与野兽的神秘山洞……整个乐园被装点得如梦似幻，走入其中，就像是来到了一个光怪陆离的童话世界，到处都掩藏着令人赞叹的宝藏与惊喜。

纵然玩过许多大同小异的游乐园，罗蒙环球乐园依然能带给人接连不断的独家惊喜。56米高的自由落体项目“天地穿梭”、在高空疯狂自转的“极速风暴”、关卡环环相扣的“峡谷漂流”……形状各异的室外城堡间，多的是令人惊呼连连的惊险项目。最令人向往的，莫过于可瞬间加速到时速近100公里的室外弹射“传奇飞龙”，它能在高空中360度扭动、180度转弯、45度俯冲，是绝对惹人心跳百分的头号历险王。

若一时在漫天尖叫的冒险岛上迷失了方向，不妨来室内的童话世界歇歇脚。鲜花、大树、复古路灯、各国风情的迷你建筑，共同构成了一个五光十色的环球乐园。你可以晃荡在可爱的迷你摩天轮上，看霓虹灯如何映射出一圈璀璨而梦幻的光芒，或和孩子们一道坐上嘟嘟车、飞旋酒桶、梦幻木马，在摇摆中回归最质朴温馨的童年时光。最特别的当属放映6D电影的XD体验馆了，短短几分钟的影片放映集合了画面、声音、气味等各方元素，一次将极速的飞驰、惊险的碰撞、突如其来的袭击充分体验！

累了要够了还有五花八门的互动表演可以尽情欣赏。来自俄罗斯、摩尔多瓦、乌克兰、菲律宾等国的近200位演员在乐园齐聚一堂，呈上独一无二的视觉盛宴。由领先技术打造的金字塔舞台雄伟壮观，各色节目轮番上演；魔幻剧场则是魔术表演和儿童剧的天堂，最能俘获小朋友的心；动感时尚的多媒体激光秀、欢乐有趣的卡通真人秀、幽默滑稽的小丑互动秀在各处出没，任你挑选。哪怕闲来漫步乐园，也会与缓缓驶来的华丽花车邂逅，身着盛装的演员们载歌载舞，瞬间将所到之处席卷成一片欢乐的海洋。看完表演，去特色餐饮店挑选自己喜欢的美食饱餐一顿，再到成排的礼品店内购物，这样的魅力之旅才叫完满。

徜徉在迷离的光影世界里，醉心于异彩纷呈的娱乐潮流中，休闲与刺激、传统与现代、现实与梦幻交叠融合，体验精彩生活，接力幸福！

Hilton Garden Inn

罗蒙环球乐园 世界级欢乐航母

方特东方神画
高科技绘就的华夏文明画卷

✉ 浙江省宁波市杭州湾新区天宝路188号

不到东方神画，就不知如今的视觉科技已如此神奇；不到东方神画，也不知那些流传已久的神话故事可以被表现得如此壮丽唯美。

位于杭州湾大桥之侧的方特东方神画是以纯中式神话传说故事作为主线内核的主题公园。如今，国内的主题乐园多数都设计得现代感十足，毕竟主题公园本是舶来品，往往以西方的城堡类型为主，例如迪士尼、罗蒙等等。然而方特东方神画却是一个例外，它拥有古色古香的纯中式风格建筑外壳，那些记忆中无比熟悉的故事人物，那些想象了无数遍的经典场景和情节，在这里以虚拟现实技术、实景特效、立体电影、机械特技等科技手段得到了栩栩如生的展现，向人们展开了一幅华夏五千年历史文明精粹的灿烂画卷。

从沪昆、沈海等高速至庵东出口出来后大约两公里，逐步接近东方神画大门时，已隐隐有丝竹悦耳之声。等到走进气势磅礴的古城大门，更是有一种久别重逢的惊喜，眼中所见，是古朴典雅的宫殿庙堂、亭台楼阁，触摸雕栏玉砌，遥望高塔屹立，古筝袅袅之音环绕耳畔，悠扬悦耳，韵味十足。景区的整体建筑风格和环境打造，无不体现着对中国传统文化的传承和致敬，如诗如画，令人沉醉。漫步其中，走进中国流传的神话传说、戏文故事情境，那些才子佳人的悲欢离合、痴男怨女的感天动地、梨园文化的风花雪月，可谓是你方唱罢我登场。

熟悉的故事情节，用球幕、水幕、天幕、环形巨幕，裸眼3D来呈现，真人演绎与特效合成结合，虚拟情景与真切感受交融，带来一场感动、惊奇、刺激的梦幻之旅，这一刻，自己已不再是那个隔着千百年历史之外的阅读者，而是身临其境的旁观者甚至参与者了。

于是，在神塔梦幻般的烟火下，可以近距离感受远古的战争，刀枪剑戟，触手可及，朝代更替的历史车轮，仿佛就在眼前滚滚而过。列强入侵的烽火硝烟，爱国儿女的浴血奋战，历历在目；枪炮声之后，为欢庆中华人民共和国成立齐声高歌的场景，就近在眼前。一部中华文明史诗，在环形巨幕前令人感动自豪。

当然也可以穿越到远古时代，看洪荒地界，水火二神大战不周山，再化身追随者，跟着美丽勇敢的女娲击退巨怪、采石补天。

转角处，在梁祝私定终身、苦恋不成而双双化蝶的墓前，在孟姜女为寻夫而哭倒长城感天动地的现场扼腕叹息。

亦或在梨园的春意盎然、热闹非凡中喝彩，在落幕的花褪残红中，看人去楼空，暗自感叹。或者，乘着各种动感游览车上天入地，穿越浩渺天河，探险幽冥之地，征服烈焰火山，享受肾上腺素飙升的极致刺激。

近年来，以《西游记之三打白骨精》《白蛇传说》《封神传奇》等为代表，那些脍炙人口的民间经典传说改编的电影大制作数量甚多，然而由于制作者对于东方文化理解不够深入，这些欧美团队打造的视觉特效往往让这些故事呈现在银幕上时，带有西方魔幻色彩，这种处处可见的不协调感曾让人怀疑，记忆中那些传统文化中的精神食粮，与现代光影科技是否能够真正实现有机结合？相信一场精彩纷呈的东方神画之旅会让你发现，美味陈酒用现代科技新瓶子来装，一定会重新焕发生机，变得魅力十足。

FANT
票处
Center

WILD

凤凰山海港乐园
惊险与刺激并存
浪漫和童趣共生

浙江省宁波市北仑区辽河路728号

凤凰山海港乐园坐落在宁波北仑区，这座高科技大型国际化主题乐园，被宁波人骄傲地赞誉为“自己打造的迪士尼”。走进乐园，处处弥漫着一种不同的、时尚新奇的氛围。乐园开辟了“世界广场”、“探险旅程”、“魔幻村庄”、“凤凰城堡”、“东海龙宫”五大主题区域，集合了20多项现代化娱乐设施，分别从美国、德国、瑞士、意大利等国引进，都是当前国际最流行的游乐项目，不仅营造出一个属于孩子的游戏王国，而且也成为成年人的度假胜地。

走过熙熙攘攘的“世界广场”，往正前方直走就可以开始“探险旅程”。坐碰碰车，打泡球战，在醉酒桶、疯狂巴士玩旋转，坐森林吉普车做个小小巡逻兵，在“澳洲之星”袋鼠妈妈的大袋子里弹跳嬉戏，都是孩子们喜爱的。还有那粉妆玉砌的冰雪城堡，里面的迷宫、卡通形象、滑梯等均是冰雕而成，喜欢迪士尼动画《冰雪奇缘》的孩子们一定会乐不思蜀。

在“魔幻村庄”的四维影院观赏一部4D电影，稍事休息后，就可以开启整个游玩过程中最刺激的“凤凰城堡”之旅了。对于一个足够勇敢的游玩者来说，如果海盗船的颠簸晕眩，“扭转乾坤”的回旋摇晃，或者“自由落体”的瞬间降落，都不够有挑战性的话，那就一定要尝试一下最具吸引力的金牌项目——蹦极以及目前亚洲回环数最多的过山车“飞天凤凰”。

要玩蹦极，首先要登上华东最高的铁塔，从46米的高空望下去，众生已如蝼蚁，如果鼓起勇气克服心理障碍一跃而下，瞬间失重可能让你有两三秒的时间不知所措。还未多想，粗壮的绳索已稳稳地擒住了你的身子，紧张和不安即刻消散，于是，海阔天空、翱翔天际的美妙体验开始了。

跨过了蹦极这一关，证明你拥有足够的勇气和强大的心理素质，那么征服“飞天凤凰”一定不是难事，这是整个乐园设计的点睛之笔，这里的过山车车速最大为每小时80公里，相当于城市高架快速路上的最高限速。然而，同样的速度，不一样的体验。过山车在八个巨大的回环上，循环往复，翻腾冲刺，这是一种上天入地式的立体冲刺，仿佛置身一个竞速游戏的虚拟世界，刺激有多强劲，体验就有多爽快。当然，要玩到过瘾，还是需要有一颗强大的心脏。

对于讲究的人来说，游玩需要控制节奏，刺激之后自然需要舒缓一下。这时，到“东海龙宫”体验一下被称为“宁波之眼”的摩天轮再合适不过了。摩天轮缓缓爬升，乐园四周如画的景色尽收眼底，一天的挑战带来的疲劳感也随着这份安逸渐渐散去。

神凤海洋世界
爱上海底世界的理由

浙江省宁波市江东区桑田路936号

海洋世界充满神秘色彩，令很多人向往，尤其是好奇的孩子们。绮丽而奇幻的海洋世界，千姿百态的海底珍奇生物，那种吸引力是无法抵挡的。

在宁波儿童公园东首，神凤海洋世界就是这么一个让孩子们流连忘返的好去处。这里是宁波唯一一家展示海洋生物、宣传海洋知识的现代化专业水族馆，孩子们在这里近距离探索海洋生物的无穷奥秘，开阔了眼界，拓展了知识面，还增强了保护环境、维护生态平衡的责任感，这样的经历，可以说是终身受益。

一般的海底世界乐园，往往以突出时尚科技感为主，然而宁波神凤海洋世界在环境设计方面却别出心裁，以文化理念融入水中造景工艺，让人感觉新奇。走进游览区，会感觉步入了一座水下世界的知识殿堂。东方雨林中的古文明精髓吴哥窟、非洲神秘的古埃及文明建筑、自由女神象、古罗马建筑、圆明园，还有长城……一一展现眼前，虽是微缩版的人工造景，但置身于水中世界，时不时还有各种鱼类穿梭其中，让人仿佛穿行于海底，周游于列国，别有一番趣味。

当然，最主要的，还是海底魅力的充分展示和演绎。神凤海洋世界经过精心打造，不仅在视觉效果上力图展现一种独特的海洋文化，在科技含量方面，比起国内同类海洋馆也毫不逊色。

海底是一个五光十色的世界，想身临其境领略海底多层次的魅力，一条视野开阔，同时又美感十足的观光隧道就显得至关重要。这里有跃层式、180度、270度三种不同的海底观光隧道，尤其是180度全景海底观光隧道，是目前国内海洋馆中单体最长的，在这里你会邂逅各种各样的海洋生物，纤细的斑马鱼自由游玩，高贵的龙虾舒展着长须，在水中婆娑起舞；狡猾的章鱼抖动腕足，在半遮半掩水藻中伺机而动，还有驮着巨壳的海龟，慢条斯理地在海中游来游去，憨态可掬，笨拙可爱……

逛得累了，最好的选择就是去海洋剧场了，这里上演着让人惊艳的视觉盛宴。海洋剧场规模相当大，2500多名观众聚在一起，都是为了一睹海洋动物明星的风采。待到正式表演开始时，海狮、海豚、白鲸，一个个闪亮登场，它们不会耍大牌，也不会怯场，一上台，就认真而卖力地展现自己的看家本领。聪明的海豚凌空飞跃、水上跨栏、空中顶球样样精通，呼啦圈也玩得很娴熟，那矫健灵巧的姿态，不亚于任何一个体操明星。海狮宝宝们的中国功夫、舞蹈和杂技表演十分精彩，活泼幽默的算术表演更是让人捧腹大笑，简直就是不可多得的笑星。纯洁的白鲸一上台就以优雅动听的歌声震撼全场，真不愧是海中金丝雀，让人情不自禁地鼓掌感叹。

提起海洋，很多人会联想到安徒生童话《海的女儿》。在海洋剧场的水晶宫殿，美人鱼的童话故事，是压轴大戏。歌舞游泳俱佳的“美人鱼”，摇曳着轻盈飘逸的彩色鱼尾裙，在水中演绎各式优雅的舞姿，令人倾倒迷恋，意犹未尽。

海洋是生命的摇篮。到真正的海底去探险，对普通人来说难度很大，但至少你可以先充分地了解她，进而爱上她，宁波神凤海洋世界所提供的，就是这样一个机会。

杭州湾海皮岛
全家总动员 去室内恒温水世界

浙江省宁波市杭州湾新区世纪城滨海二路928号

玩水亲水的游乐园多如牛毛，但大规模的室内恒温水世界却屈指可数，杭州湾海皮岛就是其中翘楚。它原来的名字叫欢乐世界，是一个常规的游乐公园，后来改名为海皮岛，灵感当然是源自英文单词“happy”之谐音，但听上去的感觉更简洁活泼，而且，改个名字并不表示就是新瓶装旧酒，在玩乐的体验上，这里已经有了翻天覆地的变化，从原有的传统乐园，逐步转变为如今文化味十足的互动体验乐园，动感、刺激、梦幻、新奇、浪漫，海皮岛已经是孩子们的欢乐世界，勇敢者的游戏天堂，如果觉得生活太紧张，工作太疲惫，不如来一场惊心动魄的冒险之旅，让压力在尖叫和惊呼声中彻底释放……

“海神之怒”是勇敢者的游戏，海神一发怒，整个海洋都会颤抖，巨大的水龙卷，从水底直冲云霄，简直就像好莱坞灾难片中的场景在眼前真实再现；然而带来的却不是恐惧，而是痛快淋漓，在垂直轨道上跌宕起伏，失重、超重循环往复，烦恼也随之烟消云散。

摆脱重力的束缚玩够之后，速度的激情又让人欲罢不能。在千米轨道上，以80公里的时速来俯冲、盘旋，是怎么样的感觉？“虎鲸神翼”是经典的悬挂式过山车，环环相扣，上天入地，感觉自己如同在空中挑战极限的特技飞行员，翱翔的快感简直无可比拟。

重力玩过了，速度也挑战了，接下来，体验一下把两者相加起来的感觉如何？“雷霆战锤”可以带着你在高空用接近180度的幅度往复来回摆动，天旋地转间，自己好像变成巨大的钟摆，然而，远处的滨海美景还能尽收眼底，这才发现原来还在人间。

假如意犹未尽，“完美风暴”带来的刺激又是360度全方位直击心脏的快感。左右摇摆、上下翻滚，带来不知身在何处的错觉，这是被卷入了滚筒洗衣机，还是龙卷风的风眼呢？分不清楚就尽情尖叫吧。

喉咙还没喊哑，水世界的四叶草浮圈又变成时光机来迎接了，前方超大的飓风喇叭，仿佛时空隧道，它有着黑洞一般的巨大吸力，来不及深呼吸和思考，就直接被吞噬了。然而它的消化能力不好，你还来不及害怕，它又原封不动地把你吐出来，只留下回味无穷的刺激感。

这时候，或许有点儿累了，那就玩玩漂流吧。不过这里的漂流与众不同，你置身神秘的海底世界，所需要做的就是慵懒地躺在浮圈中，让水流带你缓缓漂荡，沿途还可以看到各种海洋生物在欢迎你，你可以跟他们打招呼，也可以静静地思考人生，或者就那么躺着也十分惬意。

随着夜色降临，是时候启动浪漫程序了。海皮岛上有一座“天空之城”，这是全国最大的摩天轮，直径长达150米，每个机舱都是私密的空间。缓缓升空，踏云而上，不止是海皮岛全景，就连杭州湾世纪城、杭州湾跨海大桥等美景也尽收眼底，此情此景，仿佛置身美轮美奂的电影场景，让你觉得一切都是温馨而唯美的。当然，更美的，还是眼前人，如果要挑选一个地方，许下厮守终身的诺言，很难有比这里更合适的所在了。

在尖叫中释放压力，在漂流中感悟生命，这是更适合成年人的玩法，而对于孩子们来说，看看异域风情的歌舞、神奇魔术大咖、滑稽逗趣小丑、至尊欢乐巡游，眼睛都不舍得眨一下。充满童心、趣味十足的梦幻华尔兹、水果旋风、木马奇缘、霹雳战舰等项目，简直玩得停不下来。

无论是哪一类游乐园，给人们带来欢乐是永恒的使命。但欢乐并不应完全由机器设备来制造，真正欢乐的源头，应该是你身边的人。海皮岛那种好玩而纯粹的快乐，是属于全家人的。全家总动员，来一场神奇的海洋梦幻之旅吧。

【农庄之旅】

“田夫荷锄至，相见语依依。即此羡闲逸，怅然吟式微。”

久在都市的纷扰中，偶尔也会羡慕古人笔下，那格外悠闲的田园生活。犁一亩闲田，春来播种，秋去收割，看金黄遍野，听麦浪滚滚；养三五只牲畜，随性取名，闲时逗趣，忙时便任由它们在田野中觅食。若是有远方的客人到来，斟一杯浊酒，杀一只土鸡，就着随处采摘的新鲜蔬菜，便可“开轩面场圃，把酒话桑麻”。

但真实的农家生活并非只有理想化的闲情逸趣，更有“才了蚕桑又插田”的忙碌艰辛。那么，便求个折中，去近郊的农庄走走吧。

或是去宁波大桥生态农庄的湖畔垂钓，享受阳光与湖风的双重温柔，品尝细腻鲜美的野生溪鱼；或是去滕头生态旅游区采摘时令花果，欣赏精美的石窗艺术，在绿树成荫的田园上烧烤嬉戏；或是去天宫庄园呼吸清新的空气，品味酸甜的桑果，看温室智能大棚中的热带植物彼此争奇斗艳。

如此，“久在樊笼里”的都市人便也可“复得返自然”了。

扫码进入移动端阅读

大桥生态农庄
回归自然的农庄野趣慢生活

⊠ 浙江省宁波市慈溪杭州湾跨海大桥西侧

如何“偷得浮生半日闲”？你最好是去一个规模足够大的原生态环境。杭州湾跨海大桥南岸，绕湖而建的大桥生态农庄是慈溪最大的农业旅游景区，水域面积四百余亩。徜徉于此，看田园风光、池塘水色，垂钓于广阔湖面，品尝鲜美溪鱼，在富有江南特色的四合院住一晚，感受人与自然和谐共存的氛围，暂时摆脱繁忙的工作、学业带来的压力，享受一份绿色休闲心情，这或许正是很多人梦想中的清静时刻。

来到农庄，当然有必要了解一下这里的农业风情和种植文化。可以先去农业大观园参观一番。“春风沐三生，夏雨泽三农；秋露滋百花，冬雪润万物。”这里的布局和设计体现出颇具诗意的原生态理念，此外，还展现温室原水回收利用、污水处理中水回用、微滴灌及微喷灌节水应用技术，以及多种可再生清洁能源诸如沼气、风能、太阳能等的开发利用技术，一系列用现代农业科技培育出来的植物，真是让人眼界大开，感叹科技发展带给人类的无穷创造力。

娇艳欲滴、生机勃勃的瓜果蔬菜，让人看得食欲大开，但只有绿色蔬菜可能不够，那么不妨再去渔人湾享受一下垂钓的乐趣，顺便收获几尾鲜鱼。水中不只有鲻鱼、青鱼、鲫鱼、草鱼、鲤鱼、鲢鱼，还有蟹、虾、黄鳝、甲鱼，优势就在于它们全部都是野生放养，原生态无污染，在如此优越的生长环境下，肉质自然相当鲜美。

坐在垂钓亭中，湖风柔和地搅动水面，专心观望水中的鱼儿，一边垂钓一边享受安宁。等到鱼儿上钩，沉甸甸的喜悦感和成就感涌上心头，再加上周围的农庄美景、田园风光，有一种“久在樊笼里，复得返自然”的意味。

对于无忧无虑的孩子们来说，千奇百怪的植物、蔬菜可能未能完全吸引他们的注意力，垂钓休闲的心情也可能限于年龄无法体会，没关系，这里还有水上游乐园、迷宫、5D影院、南瓜鬼屋、动物杂技表演等适合孩子的游玩项目，可供全家老少同乐。

随着城市化建设进程的加速，生活的环境变得越发现代化，于是，回归自然的野趣生活，农村风味的美食珍馐，放松惬意的度假慢时光就变得弥足珍贵，大桥之下，依湖而建的生态农庄让成人、孩子、老人都能找到属于自己的乐趣，各得其所，乐不思蜀。

滕头生态旅游区
现代都市的田园牧歌

浙江省宁波市奉化滕头村

“青山碧水胜桃源，日丽花香四季春，人间仙景何处觅？且看奉化滕头村。”如今的滕头生态旅游区被誉为“中国生态第一村”，然而追溯历史，却会发现滕头村早年却是以贫穷闻名，“有囡不嫁滕头村，年轻后生打光棍”的调侃至今还有人记得。经过聪明勤劳的滕头人多年努力，如今这里已经是国家5A景区，还先后被评为联合国“全球生态500佳村庄”“世界十佳自然村”。坐着游船在村内河道中游览，四周绿树成荫、碧水环流、花果相间、百鸟和鸣，一派江南田园美景，让人心旷神怡，流连忘返。

“田成方，楼成行，绿树成荫花果香，清清渠水绕村庄。”滕头村的歌谣这样唱道。在滕头村的国家级生态示范园里，可以身临其境地感受到滕头人把高雅的园林艺术与农业生态观光旅游融为一体的追求。田边溪头总是有花树绿坪环绕其间，新建的别墅群也是独特的风景线，房前屋后不乏假山、花草、盆景，摆放得错落有致，可以看得出，对建筑美感的追求并不甘于平庸，而是力图与自然保护和生态环境建设紧密结合。

轻松自在地在白鸽广场、喷泉广场漫步，走进盆景园里欣赏奇花异草，饱览梨花湖畔的水色风光，你会感觉自己融入了这些风景。此外，踩水车、喂红鱼、抢鸭子、农家女招亲、锯大木等展现当地民俗民风的项目和互动体验，也让你感受到滕头村的新农村之乐。

除了书画奇石馆、民间造纸坊和根雕艺术馆，村里最具文化内涵的地方要数全国首家石窗艺术馆——滕头石窗馆。“石窗”是一种融艺术性与实用性为一体的石雕工艺。作为建筑的组成部分，它既能透风、采光，又能防盗，更具有点缀环境的艺术装饰性。滕头石窗馆里有一百多件石窗展品，诉说着江南水乡独有的隽永韵味。其中，“四龙捧寿莲花窗”“九狮窗”“博古万字窗”等展品年代悠久，雕工精美，收藏价值很高。如今，这些石窗被收集摆放在这里，让人得以细细欣赏其精细典雅的工艺，相当不易。

从地图上看，位于中国东海之滨的滕头村很小，但从“人与自然和谐共存”这个主题上看，滕头村又很大，它把生态环境和村庄规划结合得如此之好，是一个可持续发展的区域规划的优秀范本。在美好假日里，来滕头村参观一下民间艺术馆、吃吃农家菜、过过“农夫瘾”，感受乡土生活的真朴和闲趣，真是人生难得的赏心悦事。

天宫庄园 都市里的村庄

浙江省宁波市鄞州区下应镇湾底村

位于宁波南郊的“天宫庄园”是全国最大的桑果基地、远近驰名的“桑果之乡”，也是浙江迄今为止最大的室内恒温植物园。因距宁波市区仅五公里，交通十分便利，被称为“都市里的村庄”。

行走在庄园里，可以遍览植物世界的奇妙：热带雨林神秘激情，亚热带植物多姿多彩，沙生植物生命力顽强，绿色蔬菜生机勃勃，当然还有争奇斗艳、美不胜收

的花卉，合计超过400种的奇特景观，让人大开眼界。

作为一个标准的现代化农业生态庄园，令人讶异的是，这里还保留着展现历史风貌的村落群，包括戏台、店铺等古建筑。你可以看得满足，吃得乡土，住得古朴，玩得舒服。当然，新型现代农业种植技术的展示也是精彩看点，你印象中的农业种植还是日出而作、日落而息吗？在这里恐怕要颠覆了，农业种植早就实现了现代化，立体结构种植、塑料管种植、无机营养液基质种植、无土栽培等已被充分利用，不仅技术含量十足，而且还很有观赏性。

温室，在于温

控，这个浙江省内目前单体面积最大的智能温室常年维持在28℃，体感温度适宜。何以如此神奇？天宫庄园的智能化顶棚扮演了极其重要的角色，由电脑控制系统来调节室内的温度、光照和湿度，还配有自动的喷、滴管系统，顶上有了这样一把智能化大伞，不仅植物们享有优越的自然生长环境，而且游玩的人们来到这里，也仿佛是走在一所“阳光房”内，周遭密林遍布，热带果实累累。

热带气候培育了无数奇花异果，走进天宫庄园的“热带王国”，第一感觉就是眼花缭乱，可可树、槟榔芭蕉、菠萝、椰子、油梨、番木瓜，还有魅力与争议并存的水果之王榴莲，无不生机勃勃地展示自我。

神秘的热带雨林，令人心萌生探索欲望。热带雨林区域，把“板根现象”“绞杀现象”“空中花园”“藤攀蔓绕”“多层多种”等特色景观进行了组合展示，有趣而迷人。与佛教文化紧密相关的无忧花、菩提树、贝叶棕、铁力木等植物也有专门的展示区域。这里还能见到食之可以改变味觉的神秘果、令人生畏的“见血封喉”箭毒木，最妙的莫过于那叶柄被触动即呈下垂姿态的“版纳含羞树”。

走进沙生植物区，性格外向的人们多数都要惊呼：“活到现在，还从来没见过那么大的仙人球，也从没见过那么漂亮的龙舌兰呢。”“我从来不知道火龙果居然是长在仙人掌上的！”还有，以毒攻毒的金刚纂，“蛇蝎美人”沙漠玫瑰，那不生绿叶的光棍树，开花时如同地面涌出金色莲花的地涌金莲，酷似卵石的生石花……沙生植物对水分的吸收、需求与其他植物不同，天生傲骨，形成了植物界展示顽强生命力的独特风景线。

天宫庄园内最佳的养眼之地，还要算精品花卉厅，在这里，树、竹、草、花，组成了一个平衡的微生态系统。这里没有季节之分，四季百花竞放，年年万木争春的风情，让人感叹“常恨春归无觅处，不知转入此中来”。当然，看花看草看植物，也许好动的孩子们会有点不耐烦，没关系，可以选择带他们参加趣味十足的丛林攀爬或去往欢乐城堡尽情玩耍。

到天宫庄园，如果不去“桑果之乡”尽情采摘、品尝桑果，未免可惜。这个全国最大的桑果种植基地，出产的桑果糖度高，色相好，口味佳，入口难忘，回味无穷，堪称一绝。四五月份的“桑果节”期间，紫色的果实挂满枝头，本身就是一道美丽风景，前来采摘的游客更是络绎不绝，采摘比赛、桑林烧烤、线上互动等活动丰富多彩，沉浸在这样的欢乐氛围中，才算是领略了休闲旅游的真谛呢。

一片美丽村落，一座魅力庄园，一个桑果之乡，看遍精心培育的奇异植物、瑰丽花草，穿梭在具有浓郁中国古典韵味的建筑中，体味采摘活动带来的欢笑和收获……猎奇、怀古、互动，只凭这些，天宫庄园就让人乐不思归。

【文化之旅】

寻常的景致若是有了故事，便也就不寻常了。

象山影视城内的襄阳古城曾出现在无数的电视剧作品中，因而这高耸的一抹黛色在不同的人眼中从来都不曾相似，或是金戈铁马的壮志满怀，或是束甲远征的触景伤情。

伫立在梁祝文化公园的晋代梁祝墓前，游人仍能感受到千百年前祝英台的悲痛欲绝，那声嘶力竭的哭喊声响天彻地，一声“梁兄”天地暗，空林寂寂抱凄寒。

月湖畔高墙黛瓦的天一阁，凭借范式家族十三代人近乎执念的守护，成为了余秋雨笔下的“自明至清数百年广阔的中国文化界所留下的一部分书籍文明可以稍加归拢的房子。”

三江口东岸的庆安会馆既是供奉天后的神庙，也是甬埠北洋船商行业聚会的场所，它既见证了源远流长的妈祖文化，也见证了宁波古代海上交流的贸易史。

文化或许是一种不可道的韵味，是看山不是山，看水不是水，是流淌着相同血脉的人内心的感同身受，是流传千古仍消逝不散的历史余音。

扫码进入移动端阅读

象山影视城
穿越虚拟时空的实景

☒浙江省宁波市象山县新桥镇

如果说影视是造梦的艺术，可以把文字变成所见即所得的影像呈现，那么影视城就是梦境的真实再现，它可以让人穿越到曾经想象过的世界，亲身游历那些脑海中描摹过的场景，重温心中的回忆和情怀。

漫步在象山影视城，你可能会被一种时空交错的氛围所笼罩。听到远处的乡村私塾里传来读书声，一路过去，王府、别院、茶馆、客栈，处处张灯结彩，邂逅那街上浩浩荡荡的招婿迎亲队伍，看看喧闹的校场正在比武征兵，还有两旁打制花生糕、粘糖人、制泥人等的各种商贾摊贩，似身在心目中的大宋王朝。明明未曾来过，但所见的这些景象为何会如此熟悉呢？答案很简单，因为你早就在那些制作精良的电视剧中不止看过一次了。

武侠江湖的刀光剑影，恩怨情仇；神话世界的佛、道、人、妖，各怀异志；帝王将相的权谋争夺，血雨腥风；还有波谲云诡的惊险谍战，才子佳人的浪漫爱情……从春秋秦汉，到唐宋明清，再到民国时期，那么多喜闻乐见的戏码曾在此上演，又焉能不熟？

看一看气势宏大、雄伟壮观的春秋战国年代的行宫，走过城墙、城门、前庭、后庭、大殿、长廊，忆起《赵氏孤儿》悲壮残酷的复仇故事，《芈月传》中扣人心弦的宫廷斗争，是不是该念上几句台词，过过戏瘾呢？

来到襄阳古城前，首先会因为它的高大雄伟而赞叹，但在你的印象中，它或许会变幻成不同的历史场景。在《神雕侠侣》中，它是南宋末年的襄阳危城。城门之外，辽阔的古沙场黄沙滚滚，远处帐篷林立。襄阳城保卫战中，郭靖在万人丛中几度冲杀，进退自如；杨过单骑追敌，秒杀蒙古大汗，扬威百万军中……

如果你回忆起《新水浒传》，也许会恍然发现，那些纵情率性、无拘无束的好汉们，在被招安之后，以朝廷军队名义出征，正是在此讨伐方腊，损伤惨烈，让人扼腕叹息的悲剧性结局就从这里开启。

如果将它看做是《琅琊榜》中的金陵城，那么你一定会回味，梅长苏束甲远征，看着宫墙、古街、老宅，以九死不悔之心，踏上燃烧生命的不归路的动人剧情。

整个影视城，最美的风景可能要属城外的榕树林。人工仿造的古榕盘根错节，苍老古朴，远看与真树无异，枝叶繁茂，无视季节变换。情花之毒，相思之路，十六年离别，生死两茫茫。当年黄晓明和刘亦菲就是在这里演绎了过儿与姑姑最终的团圆。这片榕树林的魅力，其实有一半是源自对于凄美剧情的感同身受。

一幕幕的古装戏场景尚且意犹未尽，《西游记》中的神话乐园又勾起了探索的心情。白骨洞、地府阴森恐怖；水帘洞瀑布激流；蟠桃园内七棵高达十米的巨型桃树上硕

色
香
永昌家具店
泰和洋行

张海峰 摄

象山影视城 提供

果累累，这些用泡沫塑料做成的桃子看上去栩栩如生，站在树下也难辨真假。

继续往前游走，历史的年代也在变换着，抬头看时，这里竟然是四合院，是百乐门，是重庆大剧院，全然是民国时期全国各个城市中的典型建筑。看着自己的衣着打扮，与周围环境如此相悖，会有一种很奇妙的感觉，仿佛自己是行走在时空隧道中。

在影视城，如果有心尝试，也可以成为众星拱捧的那一轮“明月”。走进影视个人体验拍摄馆，做一回让人膜拜的主角，留下的美好影像足以回味许久。或者，尝试亲手制造急促的马蹄声、惊心动魄的雷电声，模仿剧中人物说上一段生动的台词，这时候会发现，原来影视后期音效合成是如此高深的学问。

影视城往往被称为“造梦工厂”，穿越想象已久的影视时光隧道时，若心中无梦，可能无动于衷，若心中有梦，则有无限感慨。

梁祝文化园
凄美千年蝶恋

✉浙江省宁波市鄞州区高桥镇梁祝村

“碧草青青花盛开，彩蝶双双久徘徊，千古传颂深深爱，山伯永恋祝英台……”中国四大民间传说之一的梁祝故事家喻户晓，千百年来，梁祝文化也已成为绽开在中华大地上的一株瑰丽奇葩，浪漫、凄美、悲壮，梁祝的爱情悲剧所反映的是封建社会中追求生命自由的抗争意识，蕴涵着丰富的文化内涵及人文精神。

随着时代的进步，婚恋早已充分自由，人们的人生观、价值观也有了很大改变，类似梁祝这样的爱情悲剧很少会再发生了。如今，来到梁祝爱情传说的发源地——宁波，走进梁祝文化公园，细细回味梁山伯与祝英台两人相知相恋直至生离死别、化蝶双飞的心路历程就会发现，梁祝故事所蕴涵的丰富文化内涵从未因为时间的流逝而褪色。

翻开史料，梁山伯生活在1600多年前的东晋，时任鄮县（今浙江省宁波市鄞州区）县令，后来积劳病逝，葬于高桥九龙墟。梁祝文化公园的地理位置，正是晋代梁祝墓的遗址所在

地。为了让人们在千百年后身临其境，心领其情，梁祝文化公园的游览路线巧妙地按照故事线路作了精心安排。

起点，是简朴的草桥亭，相传梁祝二人为避雨来到亭中，一见投缘，相识结拜，或许谁也没有想到，此刻的缘分，将延续一生。

沿着“十八相送”之路缓缓前行，可以看到一片掩映在青翠松林中的红墙粉瓦，那便是当年梁山伯与祝英台三载同窗共读的万松书院。亭台楼阁，倚栏水榭，古色古香，整个书院展现了江南园林的建筑风貌，古朴别致，幽雅清静。院后是竹林，院前是松林，院中则植有梅花。熟悉梁祝戏剧的人一定心领神会，“书房门前一枝梅”，这就是唱词的真实展现。

遥想当年，女扮男装读书的祝英台，在来到书院前，心里一定期待而兴奋，还会有一些羞涩，毕竟在当时封建社会的背景下，大多数女子尤其是大户人家的小姐，都是养在深闺，有几个人能够拥有这么一段宝贵的自由时光呢？拥有这样一段美好的书院生活体验，祝英台无疑是幸运的，至少在这里，她与谦谦君子梁山伯一起，曾同寝同食，同窗共读，经历了从纯洁无暇的友情到坚贞不渝的爱情的美好岁月。

随着故事的发展进程，走过凤凰山、观音堂，来到波光粼粼的姚江之畔，便是祝家庄。庄院的面积超过两千平方米，大门上悬着一方匾额，上书“簪府门第”。今天的我们，从这建筑上只看到了东晋年间官宦贵族人家的气派，看到了马头墙、青砖黑瓦所营造出的古朴典雅，那么当年，这在梁祝的眼中又代表着什么呢？梁山伯所见到的，是不可逾越的门第之别，他诚心想娶回高墙大院内的红颜知己，却无奈在“门当户对”的壁垒前，碰得头破血流，最后含恨而终。而祝英台则完全不在乎锦衣玉食，只要能与心上人厮守，即使清贫也无怨无悔。但祝家的门第却是一个巨大而华丽的牢笼，锁着她的人，也拘禁着她内心向往爱情的自由的心。在惊闻梁山伯病逝的噩耗之后，她生无可恋，同意出嫁马家，只为了有机会走出祝家这座牢笼，实现与心上人定下的生死不分离之约定。

那么，就跟着祝英台的脚步走出祝家庄，去看看梁山伯墓吧。这里有两座并列的墓冢，左边的一座一墓双碑，又称“蝴蝶碑”，墓前的横碑刻着“敕封梁圣君山伯之墓”，碑的中间有一处很明显的断裂缝隙，相传是当年祝英台哭祭梁山伯之时，墓碑裂开的痕迹。最后，梁祝双双化蝶远去，告诉世人在爱情面前，金钱、权力和门第并非不可逾越的障碍。玄幻色彩，是民间传说的特点，与其深究故事结局的真假，不如体会英台祭拜殉情时那凄婉决绝之心。

走进梁山伯庙，观赏一下墙上的壁画和戏台上的表演，回味一下这神奇而美丽的传说，最后再看一看音乐广场中矗立着的高大洁白的梁祝化蝶雕塑，你会发现，梁祝故事流传了千百年，竟然还是这样真切和动人。

保国寺
木构华夏 千年保国

浙江省宁波市江北区洪塘街道

北宋大中祥符六年（1013年），一座木结构寺院在宁波北郊的灵山拔地而起。时光飞逝，白云苍狗，而这座古老的木构建筑，依然完整地坐落在灵山之麓，如漫长岁月里，飘摇于山林中不死不灭的一点烛火。

1954年8月，四明山往东一个叫灵山的山坳里，来了三个学子模样的年轻人。突如其来的一场大雨将他们浑身浇了个透湿，狂奔许久，一座破旧的寺庙出现在他们眼前。谁也没有想到，就在他们推开大门的同时，一个被岁月尘封了近千年的古建筑揭开了它的神秘面纱：这是一座有着复杂的斗拱、粗大的瓜棱柱、漂亮的镂空藻井的寺庙，这是一方令人叹为观止的建筑瑰宝。

多年前曾去过保国寺一趟，当时看来，它就是个色彩黯淡的老房子，也未仔细看展厅的介绍，逛了一圈便走了。那天黄昏，保国寺在我身后，以它千年的目光看我远去，而我全然不知自己的浅薄与急躁。如果不是这次重游，也许我永远不会知道，自己当日是怎样入宝山而空回的。

保国寺古建筑博物馆副馆长李永法指着上方蓊蓊郁郁的丛林说："这是四明山的余脉，叫作灵山。山的东南面有个望海亭，天气好的时候，站在亭里可以望见东海。"保国寺建于灵山南麓山坳的台地中，三面青山环抱，且山势逐坡而上，颇为高耸，西北风便吹不进来。东南又有口子，东南风便得入内。东南风进来之后，顺着山坳又旋绕上升，风势得以缓冲。自然之手让风在这里轻扬出一串螺旋形的曼妙音符，即使是台风过境，也不能侵扰。偏居一隅的情状，有如山中处士。风水宝地大抵都是这样。

这样的空寂，常常会使人们忘记，它其实在建筑史上是如何的举足轻重。1961年，保国寺与北京故宫、敦煌莫高窟等古迹一起跻身我国第一批文保单位之列。作为江南现存最为完整的宋代木构建筑，保国寺大雄宝殿集宋代官式建筑技术、大小木作、装饰彩画于一身，在中国古代木构发展史中占有重要地位。

初入保国寺大殿，都会惊叹那恢弘奇巧、重重叠叠的屋顶。此番方知，保国寺大殿全部结构未使用一枚铁钉，全凭精巧的榫卯使斗拱层层相衔，将建筑物的各个构件牢固地结合在一起，由此承托起整个殿堂重达50吨的屋顶。这样的构架整体性强，富有弹性，比较坚固。

保国寺大殿由16根立柱构成柱网系统撑起整个大殿，柱形均为瓜棱式，有全瓜棱、半瓜棱和四分之一瓜棱等样式。这些瓜棱柱在建造时采用"四段合"方法制作。仔细敲敲瓜棱柱，发现同一根柱子的不同棱部发出的声音或沉实，或轻虚，不尽相同。李永

法解释道，其实这样一根柱子，是由几根不同结构的木料团围拼接，包嵌而成的。这样既降低了对树龄的要求，节省了木料，又使柱体中间的空气得以流通，不像用一整根实木柱子，密密匝匝没有一点缝隙，若潮湿之气挥发不去，则会渐渐从里面腐烂。北宋时期，这种柱子在气候潮湿的南方相当盛行，现在已是保国寺大殿内珍贵的结构遗物。

更让专家们叹为观止的是保国寺的藻井设计。藻井是中国古代建筑修建在室内顶棚中央的独特装饰，呈拱形，多似倒扣的斗状。上面或精雕，或细镂，或彩绘着各式图案花纹，其中以藻类形象居多，故称藻井。在保国寺大殿前槽天花板上，三个与整体结构有机衔接的镂空藻井，不仅充分考虑了实用的价值，还满足了人对空间的审美需求。

中国古建筑之所以会有藻井的出现，跟建筑多为木质结构有关。木头易燃火造成火灾，人们修建藻井希望可佑屋保平安，有吉祥之意。据《风俗通》记载：“今殿作天井。井者，东井之像也。……皆所以厌火也。”关于东井，西汉大史学家司马迁所著《史记·天官书》中记载：“东井八星主水衡。”东井即井宿，有星八颗，古人认为是主水的。这么看来，在建筑顶部作井，再装饰以藻类等水生植物形象，都是用来引水，以防火灾的。而藻井用于礼佛空间，既显得华丽，又与佛缘有很好的交融，这是保国寺的创造。

在保国寺里，建筑有了自己独立的尊严，而不是仅仅作为宗教的承载与物化。这是一个可以听见岁月回响的所在，这里流传的，是一部纯粹的、闪烁着文化光芒的木质史诗。

天一阁
藏尽天下书

☒ 浙江省宁波市海曙区天一街10号

常闻古人以读书为至乐，还有藏书之乐。藏书文化，是人文遗产的结晶，是历史传统的积淀。如今宁波市中心的繁华喧嚣中，藏有一片书香净土，那就是是我国现存最古老的民间藏书楼——天一阁。宁波市城市口号中的“书藏古今”，便是指天一阁的藏书文化，如果到了宁波而不去天一阁，是很可惜的。

天一阁原先是明代兵部右侍郎范钦的藏书楼，初建于明朝中期。读书人藏书原是天经地义的，但范钦官至兵部右侍郎，并非文职，居然拥有藏书七万余卷的大规模藏书楼，想来也很令人讶异。事实上，这位兵部右侍郎是真正的读书人出身，性喜读书，宦游各地时，便悉心搜集各类典籍，等到年岁已老，辞官返乡时，他带着多年累积珍藏的典籍，在月湖西侧建起一座藏书楼，留下了一处文化宝库。

为了确保藏书楼能长久留存，范钦费尽心机。他取《周易·系辞》中“天一生水，地六成之”之意，将藏书楼取名为“天一阁”，不仅旨在以水克火，而且建筑格局、房间的高低深广，以及书橱的尺寸，也都暗含“六”数。楼前还开凿“天

讀萬卷詩書

養十年豪氣
嘉靖建平縣志

一池”，池下暗沟与藏书楼旁边的月湖连通，如遇意外，便能最快引水灭火。除了物理上的保护，范钦还订立了诸如“烟酒忌登楼，外姓人不得入阁”等族规，几乎严苛到不近人情。在他身上展现出的是一种超越了书生意气、个人嗜好的意志力。令人惊异的是，这种意志力超越了时空，被长久延续着，通过地方官绅和范家后人的努力，天一阁的建筑本体以及藏书在历经战乱、朝代更替之后，依然保持了相当的规模。如今，经过修葺、发展之后的天一阁，已经成为集藏书和展示书法、石刻、石构建筑和浙东民居建筑艺术为一体的博物馆，享有“南国书城”之美誉。

即使不论藏书这一大文化特色，天一阁也可算是一个欣赏江南园林景色的上佳场所，院内长廊碑林、百鹅亭、凝晖堂等显然是经过精心设计的，布局合理、错落有致，颇具“虽由人作，宛若天成”之艺术风味。

古朴静幽的园内，树木浓荫，满园清香，漫步其中，看亭台楼阁、小桥流水，触摸粉墙黛瓦、黑柱褐梁，会被弥漫的文人气息感染，切身体会到当年范老醉心于书之乐的心境。

高墙深巷，曲径通幽，转角处，来自另一个时空的竹帛古籍躺在书架上悄然等候着。这些从明朝开启的藏书，隐在闹市中存活至今，已经成为了毋庸置疑的文化宝藏。

“读书难，藏书尤难。藏之久而不散，则难之难矣。”天一阁是中国私家藏书文化的典型代表，其兴衰昭示了中国文化保存和流传的艰辛历程。

遥想当年藏书楼的主人，看着架上满满的各色典藏书籍，法帖、抄本、文献等一应俱全，珍贵的孤本、遗墨、石刻、碑拓尽收于此，一定非常欣喜和满足，这份感动，即使数百年之后，也一样能唤起读书人的共鸣呢。

庆安会馆 信仰的力量

⊠ 浙江省宁波市江东区江东北路156号

从古至今，三江口都是东南沿海重要的水陆运输枢纽，历史上，是海上丝绸之路的起点，一直有着“贾船交会、帆樯如林、舟楫如鲫”之盛况，妈祖信仰、宁波帮文化在此汇聚。位于三江口东岸的庆安会馆就是交流的驿站，它始建于清道光三十年（1850年），“庆安”之名源自“海不扬波，庆兮分澜”之意。这里既是祭祀供奉天后的神庙，又是商旅的聚会议事场所，为我国八大天后宫和七大会馆之一。

东方人的民族性格，大抵是谨慎的。无论是宁波海民还是千百年间往来“海丝”的诸国商旅，对于必须朝夕相处的海洋，比起西方航海者在行为上的跨越征服，心理上的耀武扬威，东方人更多的是敬畏。但海洋已经是生活中不可或缺的重要部分，必须勇敢面对，所以，他们需要一种坚实的信仰，来支撑他们的希望，守卫他们的内心。

于是，妈祖便成为海上丝绸之路的保护神。妈祖，原名叫林默，原本美丽的渔家女子，因在海上救助渔民而被人们奉为妈祖。妈祖文化兴起于北宋徽宗宣和五年

佑济昭灵
显迹昭彰

（1123年），一次官方船队从明州港起航出使高丽，归途时遭遇风暴，官员惶恐下急祷妈祖，竟绝处逢生，遂被封为航海保护神。于是，妈祖从一个名不见经传的地方神祇，就此一路诰封顺畅，在清康熙时受封“天后”，地位终抵至尊。

从民间供奉到朝廷封神，庆元港（明州港，元代称庆元港）成为妈祖文化传播的里程碑。威武宏伟的庆安会馆又名“甬东天后宫”，正因宁波是妈祖祭祀规模最大、最为著名的地方。以妈祖之名，庆安会馆承担了甬籍舶商的行业社会职责，是往日海上商贸繁华的见证，它与南侧的安澜会馆一道，每逢农历妈祖诞辰之日，共同举行盛大的祭祀活动，万人空巷的景象盛及一时。

庆安会馆是典型的浙东民间会馆范例，也是宁波近代木结构建筑的典范。建筑的平面设计采用了中国传统的院落与空间围合手法，沿纵轴线方向层层递进，依次设有照壁、接水亭、宫门、仪们、前戏台、正殿、后戏台、后殿及左右厢房，整个建筑群层次分明、深浅有序，多个空间充满文化意蕴。饶有特色的前后戏台，分别用于祭祀演出和船商庆典，戏台藻井由16条昂拱层叠而成，结构繁复，朱金木雕装饰精美，金碧辉煌。在现存天后宫内，有双戏台者独此一家。

庆安会馆还有另一重要艺术特色——砖雕。建筑不同部分的砖雕形象各有千秋，宫门门楣上方用14幅人物故事砖雕进行装饰，中间“天后宫”三字两侧为“双龙戏珠”图样。戏台屋顶正脊为奎星和瑞兽图案，正吻为卷龙。最丰富多彩的是墀头的砖雕，庆安会馆的墀头砖雕数量众多，图案丰富，其中墀头下部是重点雕刻位置，采用影雕表现人物和戏曲故事，造型细腻堪称近代地方工艺之杰作，令人叹为观止。

除了保留原先的古建筑群，如今的庆安会馆亦是全国首家海事民俗博物馆。走进博物馆，可以看到从古至今各种船只的模型，细节精雕细琢，栩栩如生，展示出宁波的造船业从宋代至今的辉煌历史。

在“中国大运河”联合申遗成功之后，庆安会馆作为大运河宁波段的核心文化遗产，犹如一颗璀璨明珠令人瞩目，其中蕴含的历史文化价值须得慢慢细品。

【美食之旅】

宁波风物

记忆里，本地风物的味道总是最恒久的，最亲切的，也是最温暖的。或是我的婉约江南，或是你的塞外关东，或是他的风霜西北，地域虽有不同，风物虽各相异，但都寄托着久远而怅惘的、对故乡的思念。

宁波，地处富饶的宁绍平原，是典型的江南鱼米之乡。巍巍四明、浩浩东海也给了宁波丰饶的物产。生于斯，长于斯，宁波人最擅长的是就地取材，将一时一地的美味做到极致。

慈城的年糕一市的蟹，余慈的杨梅奉化的桃，三北的豆酥糖，溪口的千层饼，一方水土自有一方胜物、一方美食，造就一方人情。

所以，那些鲜活的，有声、有色、有形、有味的食物记忆，既是风土也是人情，是几千年传承下来，在劳动中所产生的智慧思考以及味觉审美，它所包含的，其实是一部民众生活与文化档案。

《阿拉旅游》杂志 提供

钱湖四宝

东钱湖有好山好水，还有不可错过的美食湖鲜。在东钱湖最有情趣的吃，莫过于听着款款作响的橹声，临湖品“钱湖四宝”，其为至乐。

东钱湖的湖鲜仅鱼类就有45种之多，无泥腥味是东钱湖水产的一大特点。这是由于东钱湖面积大，碧波万顷，鱼儿自在吐纳之故；其次是湖水甘美，注入湖中的七十二条山溪水，清冽、滋润。寻常的鱼类如草鱼、鳙鱼、鲫鱼、鲢鱼、鳊鱼、鲤鱼等，如果产于东钱湖，无论是清蒸还是红烧，入口便是“煞清爽”。

“钱湖四宝”分别是朋鱼、螺蛳、河虾和青鱼。朋鱼被称为“浪里白条”，宁波有俗语“冬鲫夏朋”，夏日将朋鱼清蒸最是美味，透着一股清香，如此新鲜只有在东钱湖才尝得到。

钱湖螺蛳，素有“盘中明珠”之称，一般烹制的手法是酱爆，加葱头和八角一起炒，汁少，黏稠，极入味，鲜味浓烈。

肉质细嫩而鲜美的河虾是东钱湖的另一美妙产物，特别是等到河虾的头部长出了“膏”之后。因湖水清澈，受污染少，河虾所含的蛋白质是鱼、蛋、奶的几倍到几十倍，外壳薄且软，带皮吃能够补钙。

“钱湖四宝”之四，名“青鱼划水”，“划水”既鱼尾。以宁波传统红烧的方式烹制，浓油赤酱，色泽红亮，口味咸中带甜，最能体现青鱼的肉质本味；用香糟调和烹制，营养丰富，鲜香入味，也是鱼菜中的上品。

象山港马鲛鱼

“春事刚临社日，杨花飞送鲛鱼。但莫过时而食，宁轩未解芳腴。”在桃花盛开的3月，象山港的马鲛鱼就迎来了它一年中最鲜美同时也是身价最高的时节。清明前后的马鲛鱼身价倍涨，但不是所有的马鲛鱼都贵，必须是在特定时间、特定地点捕捞的马鲛鱼。每年清明前后，象山港蓝点马鲛鱼都会洄游到南韭山海域交配产籽，产籽完即游归大海，因此其短暂的渔期就更显珍贵。此时的马鲛鱼通体泛绿色光泽，肉质细腻，入口即化，极为鲜美，为区别于普通马鲛鱼，人们称之为“川乌”，又称为“鱼中极品”。

深谙鱼之性、鱼之味的象山人是马鲛鱼的知音。并且他们从来没有把自己束缚在固定的菜单上，而是怀着对海鲜的独特理解，把一条普通的马鲛鱼做出多种口味。

《阿拉旅游》杂志 提供

《阿拉旅游》杂志 提供

一市青蟹

宁海一市镇毗邻三门湾，所产青蟹蟹香浓郁，丝毫不逊于大名鼎鼎的三门青蟹。

一市青蟹较于其他的蟹，体形更大，最具代表性的便是两只大而有力的蟹钳。独特的外表，加上独特的美味，自然成为江浙沪一带拜访亲友、佳节送礼的不错选择。

宁海的一市和台州的三门两地相邻，属于同片水域，所产的青蟹并无二别，其肉味鲜美，营养丰富，尤其是交配后性腺成熟的雌蟹，是产妇和老人、幼儿的高级滋补品。有传乾隆年间一市镇就开始盛产青蟹，这儿滩涂辽阔，涂泥松软、盐度适中，淡水注入丰盈，水质清新，饵料丰富，是难得的青蟹生长宝地。“天生命贵”的青蟹从养殖到收捕，从捆扎到烹饪等，都有非常严格的要求。一般将青蟹清蒸或者做成葱油青蟹，但无论怎样，在放入锅里前，最好用筷子从青蟹下面戳个洞，这样容易松绑，也更加入味。

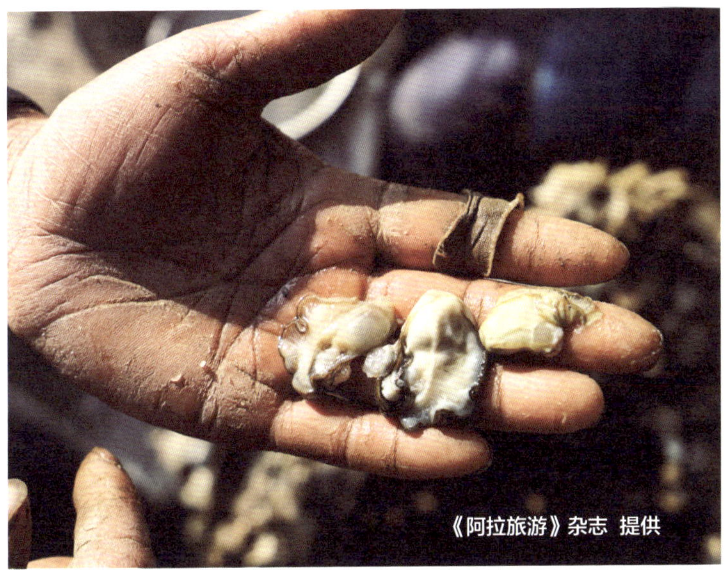

西店牡蛎

牡蛎，宁波人习惯称它为“蛎黄”。身体呈卵圆型，有两面壳，生活在浅海泥沙中，肉味鲜美。壳烧成灰可入药。宁海西店的浅海区是牡蛎的最佳产地，西店秋冬季的餐桌上都会放一盘牡蛎作为家常菜，蘸点酱油米醋吃，口感清爽，肉质细腻。

在西店的浅海区，海风带着咸咸的味道，放眼望去，岩石上布满密密麻麻的野生牡蛎，大如拇指，用铁片拨开缝隙，轻易就可以将牡蛎肉取出来，回家用水冲洗一下，就直接可以食用，无需任何加工。牡蛎炒蛋也是一道风味名菜，如烧汤食用，汤汁清澈，汤味奇鲜，胃口不佳时，啜之开胃。你或许不知道，牡蛎，因其有着极为丰富的蛋白质和维生素，也被誉为“海牛奶”呢。

牟山湖大闸蟹

牟山湖大闸蟹产自宁波第二大天然湖——牟山湖，螯足老健、生猛沉实，不少宁波人愿舍阳澄湖而就牟山湖。

牟山湖三面环山，有近万亩水域，水质清新无污染，依然保持着原始的物种多样性。独特的生长环境，使这里的大闸蟹壳清如洗。每当秋风一起，四面八方的嗜蟹者纷至沓来，为的就是一尝正宗的原生牟山湖大闸蟹。“青背、白肚、黄毛、金爪”为牟山湖大闸蟹的上品。“螯封嫩玉双双满，壳凸

《阿拉旅游》杂志 提供

红脂块块香。”那橘红色的蟹黄，白玉似的脂膏，洁白细嫩的蟹肉，实乃色、香、味三者之极，惹无数食客青睐。

别看牟山湖所在的地方只是一个小镇，但吃蟹的农庄却不少。据不完全统计，这里大大小小的农家乐共有18家，都离牟山湖不远。每年的10月下旬到11月份，这里会举办“牟山湖大闸蟹节”，游客在品尝丰盛的农家蟹宴的同时，还能参加抓螃蟹、尝螃蟹以及评选螃蟹王的各种活动。

长街蛏子

蛏子是长街浅海区最富盛名的海产品，宁海人对它的偏爱到了无以复加的地步。而蛏子的传说同样富有趣味，传说古代一个乞丐为了报答当地村庄的施舍之恩，死后叫人用草席将他丢入大海，等退潮之后，人们便发现海泥里布满了蛏子。

宁海长街一带，濒临三门湾，常年有大量淡水注入，海水咸淡适宜，饵料丰富，涂质以泥沙为主，因而蛏子生长快、个体大，肉嫩而肥、色白味鲜。蛏子富含蛋白质、碳水化合物及钙、铁、磷等元素，此外还有一定的药用价值，为各地食客所爱。古人曾有诗赞道：“沙蜻四寸尾掉黄，风味由来压邵洋；麦碎花开三月半，美人种子市蛏秧。”除了传统的水煮之外，宁海人也喜欢做铁板、生炒蛏子，不同做法可使蛏子有不同的滋味和嚼劲。

《阿拉旅游》杂志 提供

余慈杨梅

两千年前，宁波就开始盛产杨梅，而野杨梅的历史更是与河姆渡的历史相当。宁波的杨梅，又以余姚和慈溪两个地区所产最为有名，并且各具特色。

余姚杨梅颗大、色艳、汁多、味重，肉质细嫩、甜蜜芳馥。在余姚南面，梁弄一带，是杨梅最早成熟的区域。一般在6月中上旬，杨梅已经开始泛红，那些等不及杨梅大批上市的食客便会前来提前享受。余姚还有著名的牟山、马渚和九龙山几个种植地，牟山和马渚所产的杨梅为白梅，甚至还有粉梅，粉粉的甚是可爱，并且有种淡淡的松香味。

另一边的慈溪杨梅同样名扬天下，白沙杨梅采摘园和紫彤杨梅基地都是慈溪有名的采摘园，其中白沙产的慈溪杨梅清代就有记载。慈溪杨梅共有12个品种，以荸荠种为最佳。荸荠杨梅成熟时呈紫黑色，入口清香，轻轻一咬，汁液充盈地漫过舌尖，细软的肉质绝少渣滓。

奉化水蜜桃

奉化水蜜桃肉质细软、入口即化，是中国最好的水蜜桃品种之一。

果皮如绸轻轻揭开，凑嘴嘬一口，果肉就似浆如露地进腹了——这就是又软又水的奉化水蜜桃。每年的7月底至8月下旬，奉化水蜜桃的盛季到来，武岭门外当街摆开一排排的水蜜桃摊位很是壮观。

据地方志记载，公元1883年，溪口镇就有栽种水蜜桃的历史。1996年，奉化被命名为“中国水蜜桃之乡”。每年3月间，在奉化被誉为“天下第一桃园”的萧王庙街道，万亩桃花漫山争艳。桃花纷纷扬扬凋谢后，青桃便在枝丫间结出，慢慢透出喜气的粉色。成熟后的奉化水蜜桃人称“琼浆玉露，瑶池珍品”，肉质细软，汁多味甜，香气浓郁，皮薄易剥，当真是入口即化。奉化水蜜桃相貌虽不好看，表皮发青，还带麻子，味道却跟别处的桃子不同，特别香甜滋润，尤其水分充盈，但是在家最多只能放三天。到外地走亲戚时，带上满满一箱的奉化水蜜桃，往往能收获一阵“桃不可貌相”的啧啧惊叹。

《阿拉旅游》杂志 提供

前童三宝

前童的一半炊烟都是为豆腐而生的，灶火里的烟火味即是人情味。对于前童人来说，一盘散发着浓烈豆香的豆腐干，或许比日益闻名的前童古镇本身更贴近生活。

对于资深“吃货”来说，前童三宝的名气或许比前童古镇还要响。俗话说：“没有三宝，不成前童。”这三宝便是老豆腐、空心豆腐和香干。前童三宝并不是什么奇珍异馐、龙肝凤脑，而是由劳动人民怀着自己对食物的理解，用普普通通的黄豆在不断尝试中制作出来的乡土美味。老豆腐、空心豆腐和香干，同源于黄豆却各有各的美味：老豆腐，白、嫩、滑、鲜、香；空心豆腐，色泽金黄、中空外实，结脆而不碎；香干则是口感细腻、结实耐嚼、香滑清口。

豆制品本是寻常食材，前童三宝却备受赞誉。究其原因一是原料好，前童位于白溪与梁皇溪交汇处，四周群山环绕，在良好的土壤、水份、光照、气温等条件下出产的六月豆用于制作豆制品非常适宜。就以水来说，前童的水来自白溪、梁皇溪，又经地下过滤，特别清澈鲜甜。二是手艺好，前童三宝是传承了百年的传统民间手工工艺，保持了传统的原味。祖传的做豆腐手艺，从磨豆到点盐卤一点不能马虎，豆腐必须用石磨手工磨制而出。

《阿拉旅游》杂志 提供

奉化芋艿头

芋艿是一种草根美食。奉化前葛所产的“芋艿头”久负盛名，香糯可口，如今在大厨的巧手烹制下，虽有百变的做法，登得大雅之堂，仍不改其朴实本质。那是乡土与乡情的味道。

宁波人有句老话，“跑过三关六码头，吃过奉化芋艿头”。指的是一个人见多识广，而从这俚语中更可见奉化芋艿头的名声响亮。

奉化种植芋艿历史悠久，据地方志记载，奉化芋艿在宋代已有种植，至今已有700余年历史。奉化芋艿头个大、皮薄、质粉、味香，因其味美可口、营养丰富而闻名遐迩。巍巍四明山是剡溪的发源地，由溪及江，到萧王庙镇一带始称剡江，那里是芋艿头的发源地，如今依然是奉化芋艿头的主产区。被四明山江流裹挟而下的泥沙，在萧王庙剡江两岸形成了冲积土，这种土壤能令雨水迅速渗透，待到大晴天，因地下水位十分适宜，芋艿便能轻易地吸收地下水，恰到好处地满足了奉化芋艿头“既怕水，又畏旱”的生长特点。到了芋艿旺长的秋季，那里气候温湿，昼夜温差又大，能促使母芋的膨大和营养成分的聚积，因而成就了名满甬城的奉化芋艿头。

宁波名吃

宁波菜肴最让人着迷的地方概括起来有三点：一是原料丰富且有特色，如东海黄鱼、象山白鹅、奉化芋艿头、三北泥螺、奉蚶、炝蟹、佛手、海瓜子等，远近闻名，为宁波所特有。二是很多地方有自己特殊的加工手法，常用“鲜咸合一”的配菜方法，即将鲜活原料与海货干制品组合在一起再行烹调，且擅长腌、烩、烧、炖、蒸等烹调技术。三是宁波菜在口味上非常注重体现原料的本味，朴实无华，口味鲜咸，常尝其味，不觉厌腻，故有“下饭”之昵称。

追古溯源，宁波是海上丝绸之路的重要港口，近代为五大通商口岸之一，这让宁波人在做菜方面有了更开阔的视野；从地域来讲，宁波人沿海而居，以海为生，宁波名菜多是海鲜；吃法又透露着生活习惯，丰富的腌制品，过去是为了保存食物，现在倒也别有一番风味；而受水稻文明的影响，糯米在宁波人手中衍生出了精致的宁式糕点……所以聊味道，宁波人总有说不完的话题。

咸、鲜、臭是宁波菜的精华；软、糯、甜是宁式糕点的代表；“好吃”是宁波人的天性，只要得一句“米道交关好”就是对一家店最由衷的称赞。时至今日，宁波菜已成为这个城市最具诱惑力的一张名片，吃宁波菜，不仅能满足食欲，还能收获满满的幸福感。

《阿拉旅游》杂志 提供

石浦大酒店

作为宁波名号响当当的"名牌"海鲜楼之一，石浦大酒店注重宁波菜烹饪技艺的传承，也积累了一大批眷恋这份美味的食客。每到餐点，店外车水马龙，宾客迎门，好不热闹。

2006年，石浦大酒店在第二届中国餐饮博览会的宁波菜展台上获得总分第一，雪菜大汤黄鱼、宁波红膏咸蟹都被认定为"中国名菜"，这样的殊荣让它有了更多的资本和底气。要说吃地道的宁波菜，"透骨新鲜"的宁波海鲜，宁波人也会点名石浦大酒店，都说这里的师傅手艺好，海鲜品种多，宴请也有派头，凡此种种，足见这块金字招牌在宁波人心中的分量。像是正月里要来石浦吃饭，提早十天半个月就得定好，否则扑个空可不能怪自己运气不好，而是没摸清行情。

现在，随着餐饮行业竞争越发激烈，石浦大酒店也逐步走亲民路线，像是月湖分店，工作日中午的菜品都可以半份出售，价格实惠，不少熟门熟路的吃客就喜欢忙里偷闲，来这儿搓一顿，味道还是坚持了十几年的那股子鲜咸，别提多畅快。

石浦大酒店在宁波的分店也多，而且几乎家家是独院独栋，这气场绝非普通酒店可以比拟。

缸鴨狗
中华老字号
CHINA'S TIME-HONORED BRAND
中华人民共和国国内贸易部
MINISTRY OF INTERNAL TRADE
THE PEOPLE'S REPUBLIC OF CHINA
中华名小吃
宁波缸鸭狗汤团总店
汤团
中国烹饪协会
宁波市非物质文化遗产传承基地
宁波市文化广电新闻出版局
二〇一〇年六月
欢迎光临
WELCOME
本店营业时间
10:30-22:00
请留意个人随身财物
请勿食用外来食品
TEL:0574-89081926
推
推

《阿拉旅游》杂志 提供

缸鸭狗

“缸鸭狗”的组合有些“狗不理”的戏弄味，却是宁波人心中甬味点心的代表，甜香的猪油汤团，酥糯的素烧鹅，品种多得十个指头都数不完。

缸鸭狗是宁波的小吃老字号，用现在流行的词语说，这个有些“萌”的店名源自创始人“江阿狗”名字的宁波话谐音。百年缸鸭狗从街头平民小吃，到现在装修风格自成一派、洋气的特色小吃餐厅，就像是一段宁波汤团的发展史。现在的缸鸭狗，店堂环境装饰得蛮有“宁波风情”，旧宁波城的黑白光影贴在每个座位边的墙上，有时候汤团还没下嘴，看着就已经入了神。

在今天，到缸鸭狗吃汤团依旧是老宁波人的习惯、新宁波人的慕名之选。缸鸭狗汤团之所以享有盛名，是由于它制作的猪油汤团香、甜、鲜、滑、糯，口感极好。宁波汤团一碗七个，颗颗饱满，轻轻一咬，热乎乎的猪油黑芝麻馅子喷溅开来，有点烫嘴，却油香四溢，甜而不腻，入口爽滑。尤其是撒在面上的一层桂花，清香扑鼻，混合着糯米的香味，刺激着人的感官，绝对会令你胃口大开。

除了汤团，缸鸭狗还有不少特色点心、小菜，甜咸结合，非常“落胃”。现在的铺子还被打趣地称为“阿狗家”，除了堂食，还有不少罐装或是真空包装的特色伴手礼，着实会做生意。

仓桥面结面

一碗透亮的清汤，一份油豆腐青菜的经典组合，一捆扎实饱满的面结，再来一客生面，就是让人上瘾、排上一小时也值得的美味。

“仓桥面结”的特点在于面结汤不油不腻，面结皮白嫩透薄，口感有韧性；鲜肉馅肥瘦相夹，咬一口还能溢出汁水，鲜嫩无比。

要说一碗素色的面结面每天能够排起一个中午都不见短的队伍是件奇事的话，宁波人可是不以为然。仓桥面结面可以根据个人喜好加些不同的料，像鸭血、鸭肠、大排等，要是钟爱这口，这些配料也

《阿拉旅游》杂志 提供

是能够加分的点睛之笔。不过最多的吃法还是面结汤配生面，葱油拌的生面简单，却又有让人停不下口的魔力。

月湖菜场边上这家宁波吃客界公认最正宗的仓桥面结面，只在早晨和中午营业，而且售完为止，所以想尝鲜的，就得赶早。店员也都是见过大场面的，点单、上菜、安排座位……人再多也是有条不紊，所以排队的人流走得很快。这里是一个年头有些久、外表很平常的小店，没有多新潮的环境，门口却总聚集了一堆人。就像一碗面结汤一样，懂的人才知道。

梅龙镇糕饼铺

《阿拉旅游》杂志 提供

《阿拉旅游》杂志 提供

梅龙镇

对于味道的眷恋，人们多是念旧的。一个老字号的匾额，是足够人们反复念叨的人情世故。

从独具一格的淮扬菜起家，到融合津沪菜，再到推出闻名遐迩的糕团，梅龙镇在宁波人心目中一直是个特殊的存在，或者说，是一种情结。“梅龙镇”这块鼎鼎大名的老招牌已在宁波叫响了75个年头。它随着历史变迁，脉搏紧随时代跳动，亦见证城市的兴衰起伏。

虽然梅龙镇招牌各地均有，但宁波直到民国时期才出现，而且独此一家。1940年，宁波商人俞引德投资创办了梅龙镇大酒店，最初在老城区闹市中心开明街与东大街交汇处。俞引德是位精明的商人，善于审时度势，把握商机。梅龙镇一时风头无两，日日宾客盈门。后来，时势纷乱，宁波沦陷，梅龙镇也迎来了旷日持久的萧条。抗日战争胜利后，梅龙镇重整旗鼓。复牌后的梅龙镇先后兼并了邻近的浙东旅社和宁波糕团厂，规模迅速扩大，经营面积超过3000平方米，又利用兼并的宁波糕团厂的人员和设备，组成梅龙镇糕团部，生产售卖宁波传统名点龙凤金团、水晶油包、梁弄大糕等品种，受到食客追捧。

《阿拉旅游》杂志 提供

白沙码头海鲜广场

很多外地游客爱上宁波，最大的一个原因是被这里的海鲜吸引。宁波的海鲜种类繁多、新鲜、个头大，各种做法让人眼花缭乱。而在宁波市区内，提到大型的海鲜排档聚集地，那肯定要数白沙码头海鲜广场了。这里既有美食，又能一赏美景。

白沙码头海鲜广场，就坐落在甬江边上的江北区东草马路与白沙路交汇处，老外滩的延伸段，距离最繁华的宁波市中心三江口不过一公里之遥。它是一幢四层楼的独栋建筑，经营面积超过6400平方米，多是名家私厨的烹饪海鲜，主要以商务宴请为主，远道而来的客人既可以细细品尝生猛海鲜，又能隔窗欣赏甬江上灯火阑珊、舟船夜航的美景。

状元楼

冰糖甲鱼、锅烧河鳗、雪菜大黄鱼、苔菜小方烤、荷叶粉蒸肉，这些都是老宁波心目中的美食首选。在相当长的一段时间内，宁波人都以能去状元楼吃一顿地道而美味的本地菜为荣。

如果不是当年那位赴京赶考路经甬城的举人，恰巧登上了江北岸三江口畔的那一家酒楼，又恰巧被爱说吉祥话的跑堂小二一语言中，中了"状元"荣归耀祖，也许宁波城就将憾失一家扬名全国的"状元楼"。

注定似的，宁波状元楼历经几次蛰伏、转易，"新状元楼"由宁波石浦大酒店接手经营，于2009年秋天重新开张。当年东门口的这个老宁波人记忆中的餐饮老店，一个华丽转身，成为甬城老字号餐饮界最知名的品牌，"六帮三馆"之首。

"新状元楼"找回了旧厨师，也引进了新创意，力求在原汁原味地保持甬帮菜风味的基础上，创新以适应现代人的饮食习惯。宁波人对美食越来越讲究，一道菜既要看色泽，还要讲究荤素、营养搭配。对于老底子宁波菜的制作，也由以往的重油重盐，向现在的轻油轻盐轻糖转变了。状元楼还在鄞州自建了60亩原料专供基地，为的就是以更新鲜、健康的食材"讨好"新老吃客们。

《阿拉旅游》杂志 提供

《阿拉旅游》杂志 提供

红膏炝蟹

海滨蟹多而繁杂，各个种类、各种做法皆有倾心者，然而遍及甬城，能获交口称赞的恐怕还是红膏炝蟹了。

海鲜生吃？外地人都会忍不住担心拉肚子。可是土生土长的海边人从来不怕。泥螺、海蜇、蚶子、咸蟹、醉虾……在宁波人的食单中，永远都是“鲜”字当头。红膏炝蟹，是宁波菜系里的头牌。每逢过年串门，即便平日里手头紧巴巴的人家，也会在宴客这一天勒紧裤腰带备上一份红膏炝蟹，这不仅是面子，更是宁波人代代相袭的文化。古人制此蟹有要诀：雌雄不能放在一起腌制，这样才能使蟹黄、蟹膏保持不沙；不可用嫩蟹；需全活，螯足无伤；酒酱等腌制的螃蟹，需要在短时间内吃。好的梭子蟹价格金贵，而用作红膏炝蟹的梭子蟹价格更是令人咋舌，为一享至鲜，不惜重金大概也是彼时家家都有的心境。

慈城年糕

关于大米制品的篇章，宁波谱写得最为著名的一直是年糕。慈城作为中国唯一的年糕之乡，其手工制作技艺是浙江省非物质文化遗产之一，距今已有数百年历史。

慈城处在富饶的宁绍平原，是典型的江南鱼米之乡。这里毗邻河姆渡文化遗址，经历了漫长的农耕社会，水稻栽培历史悠久。与大米千百年的交情，使慈城人与这老伙计相处起来得心应手，由大米做成的年糕就是其中最光彩夺目的创造。

传统做年糕时，凌晨两三点钟，做年糕的人家就要“请菩萨”，放鞭炮，在院子里摆开了架势，人进人出，磨粉的、刷粉的、舂粉的、做年糕的，忙得热火朝天，大冬天干活的人连衣服都穿不住。“嘎吱、嘎吱”，像牛奶般纯白的米浆从磨道里流出来，淌到桶里。然后在桶里蒙上纱布，盖上草灰，将水分吸干，再把粉团掰成小块，在通风处晾干，还要不断翻动，避免出现红点或霉斑，遇上阴雨天就在火缸上烘干，照料之费神不亚于呵护幼儿。

做年糕前还要揉压搓粉团，以求粉团柔韧糯软。传统做年糕时要用印糕板，在年糕的正反两面印上吉祥花纹，农村里的人要把年糕做成元宝、利市头（猪头）或鱼（年年有余）的形状，点上红点，都是为了图个吉利，反映了民间习俗追求平安和谐的美好愿望。做年糕时，铺板上还放上咸菜笋丝、豆酥糖、芝麻粉拌白糖，各人按自己口味，挑来做馅捏成年糕团，老的小的吃得津津有味，年味十足。新打的年糕在大炉上的铁锅里一蒸一煮，十米开外就能闻到香气。打深巷窄道里一路走过，家家户户的窗口传来的米香味，原本不饿的人也会顿时垂涎三尺。

《阿拉旅游》杂志 提供

《阿拉旅游》杂志 提供

猪油汤团

猪油汤团居江南小吃之冠，其特色在于汤清爽，口感佳，“香、甜、糯、滑”都占全了。汤圆之名含有团圆、如意的意思，它是美味，也寄寓了宁波人最深的思乡情结。

汤团之名始于南宋，传到如今国内其他地方已大多统称为汤圆，宁波人则坚持称之为汤团。外地一般是在元宵节时才会想起吃汤团，而对于宁波人而言，汤圆并非新年、元宵专用，而是一种时常会想念、馋了就吃的小吃，并且坚持手工制作，坚持使用猪油，带有浓浓的阿拉宁波味儿。

宁波籍的上海老报人陈诏曾在《闲话宁波汤团》中细细描摹道：“汤团，先用优质糯米水浸水磨，沥成团块，再用黑芝麻、猪油（纯板油）、绵白糖、桂花做成馅子（也有用细豆沙、白糖做馅的）；制作时，把糯米团搓成长条，分成一小段一小段，每段嵌入一块猪油馅，用手心搓成圆形，吃时放入沸水中，待汤团浮起水面，加少量冷水，让内馅煮熟，水再沸后即可盛入碗内。这样的汤团，汤清、色白、浑圆而有光泽，入口油而不腻，香甜滑糯俱全，煞是好吃。”

《阿拉旅游》杂志 提供

南塘油赞子

作为整个南塘老街人气最旺的所在，南塘油赞子也成为了来南塘必买的伴手礼之一。

油赞子其实就是普通话里的“麻花”，外地人或许无所谓，老底子的宁波人对这一口现炸的油赞子却是情有独钟。

南塘老街的小吃店开放后，“南塘油赞子”店门口常年排着长蛇队，几乎是风雨无阻。店家很牛气地限购20元，食客仍趋之若鹜。买油赞子的时候时常能见到店里一群妇人围着长长的矮几，手指翻飞，将切好的面团搓细，迅速一抹一搓，再对折成四股麻绳状，即成长短均匀的生坯。负责炸坯的伙计要在油锅前站足9分钟，才能炸出一锅。稍稍一晾，便被食客们一抢而光，下一批面坯又马不停蹄地下锅。

图书在版编目（C I P）数据

体验宁波 / 宁波市旅游局编. -- 上海 : 东方出版中心, 2017.6
（TOP20 · 10）
ISBN 978-7-5473-1135-6

Ⅰ. ①体… Ⅱ. ①宁… Ⅲ. ①旅游指南－宁波 Ⅳ. ①K928.955.3

中国版本图书馆CIP数据核字(2017)第128224号

主　编：陈　刚
副主编：汤红梅　董榜敏
统　筹：童　达
责任编辑：王祖光　林　倩
撰　稿：沈　迪　周　芳　王颖杰　茅志平　王　路
《阿拉旅游》杂志
封面题签：陆晞明
设　计：一　粒

体验宁波

出版发行 东方出版中心
社　　址 上海市仙霞路345号
电　　话 （021）62417400
邮政编码 200336
经　　销 全国新华书店
印　　刷 上海安全印务有限公司
开　　本 890×1240　1/32
印　　张 7.75
版　　次 2017年7月第1版　第1次印刷
书　　号 ISBN 978-7-5473-1135-6
定　　价 68.00元

东方出版中心邮购部 电话：（021）52069798